지중해
샐러드

지중해 샐러드

1판 1쇄 발행 2014년 6월 20일
1판 16쇄 발행 2024년 9월 4일

지은이   나카가와 히데코
발행인   유성권
펴낸곳   ㈜이퍼블릭

출판등록   1970년 7월 28일, 제1-170호
주소   서울시 양천구 목동서로 211 범문빌딩 (07995)
대표전화   02-2653-5131 | 팩시밀리 02-2653-2455
www.loginbook.com

- 이 책은 저작권법에 따라 보호받는 저작물이므로 무단전재와 복제를 금지하며,
  이 책 내용의 전부 또는 일부를 이용하려면 반드시 저작권자와 ㈜이퍼블릭의
  서면 동의를 받아야 합니다.
- 잘못된 책은 구입처에서 교환해 드립니다.
- 책값과 ISBN은 뒤표지에 있습니다.

로그인은 ㈜이퍼블릭의 어학·자녀교육·실용 브랜드입니다.

세상에서 가장 건강한 사람들에게서 온
푸른 연안의 황홀한 맛

나카가와 히데코 **지음**

신선한 야채를 손으로 뜯어
올리브유로 간편하게 만드는
지 | 중 | 해 | 풍 | 샐 | 러 | 드 80가지

로그인

차례

프롤로그 〉 012
맛있는 샐러드를 만드는 원칙 〉 017

제1장 봄

스페인 현미와 올리브 샐러드 | 027
스페인 병아리콩과 근대 샐러드 | 029
스페인 하몽 세라노와 콩 샐러드 | 031
스페인 햇감자와 봄 채소로 만든 따듯한 샐러드 | 033
스페인 래디시 샐러드 | 035
스페인 그린 빈스와 앤초비 샐러드 | 037
프랑스 프로방스 봄 샐러드 | 039
프랑스 알리올리 소스와 타프나드 소스를 곁들인 신선한 채소 모둠 | 041
프랑스 대파와 비네거 소스 | 047
프랑스 그린 아스파라거스로 만든 미모사 샐러드 | 049
이탈리아 펜넬과 참치, 여러 가지 채소 샐러드 | 051
이탈리아 버터 레터스와 홈메이드 드라이 토마토 샐러드 | 053
이탈리아 로마 스타일의 바다 샐러드 | 055
이탈리아 앤초비와 그린 빈스 샐러드 | 057
이탈리아 딸기와 루콜라 샐러드 | 059
이탈리아 바질 페이스트를 곁들인 봄 채소 토마토 샐러드 | 061
이탈리아 주꾸미 루콜라 샐러드 | 063
그리스 이탈리아 파슬리 오일을 뿌린 와일드 그린 샐러드 | 065
알감자와 바질 페이스트로 만든 감자 샐러드 | 067
크레송, 피스타치오, 봄나물로 만든 샐러드 | 069
자몽과 봄나물 샐러드 | 071

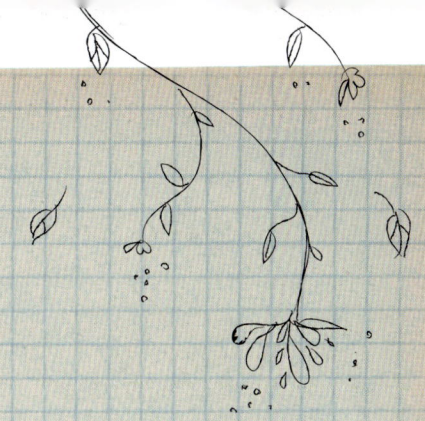

제2장 여름

스페인 민트와 블랙 올리브를 곁들인 여름 과일 샐러드 | 077

스페인 심플 토마토 샐러드 | 079

프랑스 프로방스풍 여름 샐러드 | 081

프랑스 작은 양파와 건포도를 조린 샐러드 | 085

프랑스 니스와즈 샐러드 | 087

프랑스·스페인 오븐에 구운 파프리카, 양파, 마늘, 방울토마토, 애호박에 발사믹 드레싱을 얹은 샐러드 | 091

이탈리아 판짜넬라 | 095

이탈리아 관자 카르파초와 토마토 마리네이드 샐러드 | 097

이탈리아 로스트 주키니와 피스타치오 샐러드 | 099

이탈리아 토마토와 고르곤졸라 치즈를 곁들인 렌즈콩 샐러드 | 101

이탈리아 구운 애호박과 바질이 조화를 이룬 파스타 샐러드 | 103

그리스 오이와 요구르트 드레싱을 곁들인 매운 렌즈콩 샐러드 | 105

모로코 요구르트 드레싱을 곁들인 매콤한 가지 샐러드 | 107

모로코 오크라, 토마토, 레몬, 고수 잎이 어우러진 샐러드 | 111

수박과 페타 치즈 샐러드 | 113

디종 머스터드 드레싱을 곁들인 양상추 샐러드 | 115

서리태와 파프리카, 오이의 마리네이드 샐러드 | 117

쿠스쿠스와 알록달록한 토마토 샐러드 '토마토 파티' | 119

마늘과 생강 드레싱을 곁들인 오이 샐러드 | 123

아보카도, 퀴노아, 풋콩 샐러드 | 125

루콜라와 리코타 치즈가 어우러진 건자두 샐러드 | 129

제3장 가을

스페인 구운 파프리카 샐러드 | 135

스페인 앤초비 소스를 곁들인 구운 양송이 샐러드 | 139

프랑스 프로방스풍 가을 샐러드 | 141

프랑스 여러 가지 견과류와 로크포르 치즈 드레싱을 곁들인 엔다이브 샐러드 | 143

이탈리아 페코리노 치즈와 구운 파프리카의 마리네이드 샐러드 | 145

이탈리아 무화과, 바질, 파르메산 치즈 샐러드 | 147

그리스 페타 치즈 샐러드 | 149

모로코 얼큰한 당근 샐러드 | 151

모로코 쿠스쿠스와 무화과 샐러드 | 153

오븐에 구운 뿌리채소와 바질 페이스트 샐러드 | 155

튀긴 할루미 치즈와 포도 샐러드 | 157

로크포르 치즈 드레싱의 엔다이브, 배, 호두 샐러드 | 159

오븐에 구운 카레 맛 단호박과 요구르트 드레싱 샐러드 | 161

퀴노아와 바싹 구운 깜빠뉴 빵 샐러드 | 163

호두와 민트 잎을 곁들인 셀러리와 렌즈콩 샐러드 | 165

녹두의 매운 초록빛 샐러드 | 167

달콤한 고르곤졸라 치즈 드레싱을 곁들인 단감 샐러드 | 169

드라이 체리 드레싱을 곁들인 시금치, 바질, 파르메산 치즈, 흑미 샐러드 | 171

근대 샐러드 | 173

제4장 겨울

스페인 스페인풍 감자 샐러드 | 177

스페인 오렌지와 보라색 양파, 검은 올리브 샐러드 | 181

스페인 렌즈콩 샐러드 | 183

스페인 병아리콩과 초리조 소시지, 토마토 소스가 어우러진 따뜻한 샐러드 | 185

프랑스 프로방스풍 겨울 샐러드 | 187

프랑스 우프 마요네즈 샐러드 | 188

프랑스 염소 치즈와 호두 샐러드 | 193

이탈리아 감자와 토마토의 따뜻한 시칠리아풍 샐러드 | 195

모로코 토마토, 오이, 양파를 익힌 샐러드 | 197

모로코 아몬드 슬라이스를 곁들인 아보카도, 오렌지 샐러드 | 199

매콤한 콜리플라워 샐러드 | 201

홀그레인 머스터드 드레싱을 곁들인 콜라비 샐러드 | 203

브로콜리와 병아리콩 샐러드 | 205

비트, 오렌지, 검은 올리브 샐러드 | 207

양배추와 콜라비 샐러드 | 209

콩과 양배추 샐러드 | 211

보리와 석류 샐러드 | 213

붉은 양배추 샐러드 | 215

보리와 브로콜리의 레몬 크림 샐러드 | 217

제5장 지중해 요리의 재료와 구입처

올리브유 | 222   비네거 | 226   소금 | 228   채소 | 229   과일 | 237

유제품 | 237   콩류 | 238   어패류 | 239   육류 | 239   곡류 | 240

견과류 | 240   허브류 | 241   향신료 | 243   향미료 | 244

주로 이용하는 재료 구입처들 | 247

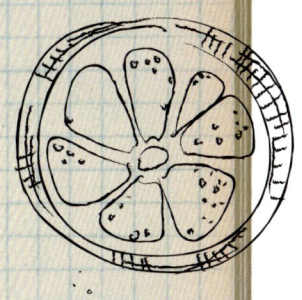

에필로그 》 251

프롤로그

"오늘은 어떤 재료로 샐러드를 만들어볼까?
드레싱에는 뭘 넣어볼까?"

아침 일찍 환기를 위해 창문을 열고 뺨을 스치는 공기를 맞으며 생각합니다.
'오늘은 어떤 재료로 샐러드를 만들어 볼까? 드레싱에는 뭘 넣어볼까?'
샐러드라고 하면 스테이크나 파스타의 사이드 디시 혹은 뷔페의 전채요리가 먼저 떠오를
정도로 존재감이 약한 것이 사실이에요. "그곳은 셰프의 샐러드가 특히 맛있어." 하고 샐러드
맛으로 레스토랑을 추천하는 경우도 거의 없지요. 실제로 맛있기로 소문난 레스토랑에서도
메인 요리는 금방 고르지만 샐러드의 종류는 겨우 두세 가지뿐, 먹고 싶은 샐러드가 없어 꽤
고민하는 경우도 있답니다.
하지만 기본만 지킨다면 어떠한 식재료든지 샐러드로 변신할 수 있어요. 드레싱을 살짝
응용하는 것만으로도 만드는 사람의 창조력이 충분히 발휘되기 때문이지요.
요리교실에서는 지중해 나라들의 여러 가지 샐러드 레시피를 가르치고 있어요. 파에야나
부야베스 같은 지중해 지역 요리처럼, 지중해의 풍미를 한껏 살린 샐러드는 예전부터
요리교실의 인기 메뉴랍니다.
지중해풍 샐러드라고 해서 지중해 인근에서만 구할 수 있는 채소와 식재료로 만들지는
않아요. 한국에서도 쉽게 구할 수 있는 채소에 올리브유를 듬뿍 뿌리고 와인 비네거와
레몬즙으로 신맛을 내고, 각종 허브와 향신료, 소금, 후추로 드레싱을 만들면 신선한 제철
채소의 맛과 풍미를 얼마든지 살릴 수 있어요.

이 책에서는 요리교실의 인기 샐러드를 비롯해 지중해 연안의 스페인, 남프랑스, 이탈리아,
터키, 그리스, 모로코의 대표 샐러드를 봄 · 여름 · 가을 · 겨울로 나누어 소개합니다.

80가지의 샐러드 중 한국이나 일본 스타일을 살짝 가미한 샐러드와 '이거 샐러드 맞나?' 싶은 새로운 것도 있으니 꼭 도전해보세요. '샐러드'에 대한 고정관념이 사라질지도 몰라요.
레시피에는 소금과 후추의 분량이 명확히 기재되어 있지 않은 경우도 있어요. 그때그때 사용하는 식재료, 다른 조미료의 질과 상태에 따라 분량이 달라지기 때문이에요.
특히 소금은 각 가정에 있는 소금 종류와 짠 정도에 따라 분량에 차이가 나기 때문에 가능한 조금씩 여러 번 넣으며 어느 정도가 적당한지 가늠하면 돼요.
또한 레시피에는 올리브유라고 썼지만, 기본적으로는 100% 올리브 과즙으로 만든 엑스트라 버진 올리브유를 사용했습니다.

감청색 하늘, 수평선을 경계로 변하는 지중해의 푸른빛, 반짝반짝 빛나는 눈부신 백사장, 푸른 하늘에 반사되는 새하얀 담벼락, 시장에 즐비하게 늘어선 빨강, 주황, 초록, 노랑, 보라색이 선명한 꽃과 과일들 그리고 야채… 이러한 지중해의 향을 가정에서도 느껴봤으면 하는 바람으로 샐러드 요리책을 만들었어요. 사랑하는 사람에게 〈지중해 요리〉에서 소개하는 레시피와 함께 자유로운 지중해의 낭만을 느껴보세요.

지중해의 선명한 색채를 상상하며, 특별한 날이 아니더라도 한 끼 식사 메뉴로 만들어보세요. 먼저 질 좋은 올리브유를 사서, 한 번쯤 가보고 싶거나 여행한 적 있는 지중해 나라의 샐러드부터 만들어보는 것은 어떨까요?

맛있는 샐러드를 만드는 원칙

유럽에서는 샐러드에 대한 이런 속담이 있어요.
"샐러드를 만들기 위해서는 네 사람이 필요하다. 오일을 넣는 헤픈 이, 식초를 넣는 구두쇠, 소금을 넣는 고문변호사 그리고 재료를 섞는 망나니."
이 말은 오일은 듬뿍, 식초는 약간, 소금의 양은 섬세하게 판단하여 넣고, 샐러드를 섞을 때는 단숨에 해야 한다는 뜻이에요.
우리 요리교실에서는 스페인 요리를 비롯해 프랑스 요리나 일본 요리에서도 해당 요리를 배우는 그룹의 성격과 계절별 식재료에 따라 요리 종류에 변화를 줍니다. 기본적으로 전채요리, 샐러드, 메인 요리, 디저트의 코스 요리를 만드는데, 샐러드를 접시에 담고 드레싱을 만들어 재료들을 하나로 섞을 때는 언제나 학생들과 함께하지요.
레시피를 보며 만든다 해도 드레싱을 배합할 때만큼은 요리를 하는 사람의 성격이 고스란히 드러나곤 해요. 특히 4인분을 기본으로 하는 레시피의 1.5배 혹은 2배 분량의 드레싱을 만들 때는 모두들 진지한 눈빛으로 계량을 하지요.
누군가 식초를 많이 넣었다 싶으면 소란스레 투덜대고, 소금을 얼마나 넣을까 하고 진지하게 논의하는가 하면, 드레싱을 뿌린 샐러드를 누가 섞을지 서로 눈치 보느라 바쁘지요.
샐러드를 만들 때는 '제철 재료를 기본으로 충실하게 창조력을 최대한 발휘'하세요. 주변에서 흔히 구할 수 있는 재료를 어떻게 조합할지 궁리하고, 드레싱과 재료의 특성을 연구하면 얼마든지 자기만의 샐러드를 만들 수 있어요.
샐러드용 생채소는 물에 5분 이상 담가두지 마세요. 생채소를 드레싱과 섞을 때는 손을 사용하세요. 무침이나 나물은 손으로 조물조물 무치면서도 서양식 샐러드에는 서버를 사용해야 한다고 여기는 사람들이 많은데, 서양식 샐러드도 손으로 단숨에 섞는 편이 맛있답니다.
끝으로 드레싱을 배합할 때는 올리브유 등의 오일류를 마지막에 넣으세요. 샐러드 재료를 볼에 넣고 올리브유를 조금씩 넣어가며 섞는 게 맛이 좋아요.

봄
Spring

스페인
현미와 올리브 샐러드

항상 먹는 현미를 어떻게 활용하면 좋을까 궁리한 끝에 멋진 샐러드가 탄생했어요.
요리교실에서도 인기 절정인 이 메뉴는 영양이 매우 풍부해 한 끼 식사로도,
사이드 디시 샐러드로도 일품이에요. 봄뿐만 아니라 일 년 내내 즐길 수 있어요.
냉장고에 넣어두면 2~3일간 맛있게 먹을 수 있어요.
그릇에 담을 때는 반드시 올리브유를 살짝 두르세요.

Ingredients * 4~6인분

+ 현미 2컵
+ 붉은 양파 1/2개
+ 쪽파 3개
+ 마늘 2쪽
+ 파프리카 노란색, 빨간색 각 1개
+ 블랙 올리브 15개
+ 그린 올리브 15개
+ 방울토마토 20개
+ 기호에 따른 허브 3큰술
   (이탈리아 파슬리, 바질, 고수)
+ 앤초비 4조각

> 드레싱 재료
   - 레몬즙 1개분
   - 올리브유 5큰술
   - 소금 1작은술
   - 후추

Recipe

밑준비

① 현미는 2~3시간 정도 물에 불린다.
② 양파와 파프리카는 1cm 크기로 자르고, 방울토마토는 세로로 4등분한다.
③ 마늘과 쪽파, 허브와 앤초비는 잘게 썬다.

만드는 방법

1 현미를 냄비에 넣고 물 8컵을 부어 약 20분간 끓인다. 약간 심이 남을 정도로 쌀이 익으면 채에 받혀서 찬물로 헹군다.
2 볼에 쌀과 양파, 파프리카, 방울토마토, 마늘, 쪽파, 허브, 앤초비를 넣고 크게 섞는다.
3 드레싱 재료를 모두 섞어 드레싱을 만든 후 (2)에 뿌려 버무린다.

Tip
"냉장고에 하룻밤 숙성시켜 간식으로 즐겨도 좋아요."

스페인
병아리콩과 근대 샐러드

한국에서도 국이나 나물로 자주 해먹는 근대의 원산지는 지중해에 접한
남유럽이에요. 지중해 요리에서는 샐러드나 전채요리에 들어가는 채소예요.
생으로 먹으면 쓴맛이 강해서 주로 살짝 데치거나 볶아서 먹습니다.
이 요리는 스페인 사람들이 무척 좋아하는 병아리콩을 토마스 소스와 같이
끓인 것에 근대를 넣어 따뜻할 때 먹는 샐러드예요.

Ingredients * 4인분

+ 병아리콩 250g
+ 당근 큰 것 1개
+ 월계수 1장
+ 양파 큰 것 1개
+ 마늘 2쪽
+ 붉은 양파 1개
+ 토마토 2개
+ 근대 한 줌
+ 올리브유
+ 소금, 후추

Recipe

밑준비

① 병아리콩은 하룻밤 물에 불린 후 깨끗이 씻어 당근과 흰 양파, 파슬리 줄기, 월계수를 넣고 끓이다가 잿물을 제거한 후 약한 불로 20분간 더 익힌다. 다 익으면 체에 걸러 물기를 뺀다.

② 당근은 작게 깍둑썰기하고, 흰 양파는 잘게 썬다. 붉은 양파와 마늘도 잘게 썬다. 토마토는 큼직하게 자른다.

만드는 방법

1 프라이팬에 올리브유를 두르고 붉은 양파와 마늘을 중간 불로 볶는다.
2 (1)에 토마토를 넣어 볶다가 5분간 졸인다.
3 (2)에 먹기 좋게 자른 근대, 삶은 병아리콩을 넣고 소금과 후추로 간을 한다. 끓어 오르면 약한 불로 5분간 익힌다.
4 국물이 있으므로 볼에 담는다.

"따뜻할 때 먹으면 더 맛있으니 식기 전에 올리브유를 뿌려주세요."

스페인
하몽 세라노와 콩 샐러드

하몽, 하몽, 하몽!
가끔씩 너무너무 먹고 싶고, 먹고 나면 또 먹고 싶어져서
안절부절못하게 만드는 스페인의 하몽을 주사위 모양으로 잘라 여러
가지 콩과 함께 버무린 색다른 샐러드예요.
최근에는 한국에서도 백화점 식품 매장 등에서 하몽을 구입할 수
있어요. 하몽을 구할 수 없다면 로스햄으로 대신하세요.

Ingredients * 4인분

+ 완두콩, 강낭콩 등 다양한 콩 2컵
+ 양파 1/2개
+ 하몽 세라노 100g
+ 토마토 2개
+ 완숙 달걀 2개
+ 바질 잎 적당량

> 드레싱 재료
- 레드 와인 비네거 2큰술
- 올리브유 4큰술
- 소금, 후추

Recipe

만드는 방법

1. 끓인 물에 소금을 약간 넣고 콩을 5분간 삶은 후 찬물에 씻어 물기를 뺀다.
2. 양파는 잘게 썰어 살짝 볶는다.
3. 하몽은 2cm 크기로 깍둑썰기하고, 바질 잎은 다진다.
4. 토마토도 2cm 크기로 깍둑썰기하고, 삶은 달걀은 세로로 4등분한다.
5. 볼에 (1), (2), (3), (4)를 넣고 잘 섞어 드레싱을 뿌리고 잘 버무린다. 접시에 담고 달걀을 얹는다.

스페인
햇감자와 봄 채소로 만든 따뜻한 샐러드

봄이 절정에 이르면 채소가게에는 '햇'감자, '햇'양파처럼 채소의 이름 앞에 '햇'이라는 말이 붙어요. 왠지 '햇'이라는 글자만 봐도 설레고 들뜨지요. 한국처럼 겨울이 긴 나라에 있으면 괜히 더 그렇게 느껴지는 것 같아요. 이 샐러드는 스페인에서 겪었던 여러 가지 추억을 떠올리면서 만들어본 거예요. 꼭 햇감자로 만들어보세요. 냄비나 프라이팬으로도 누구나 쉽게 만들 수 있어요.

Ingredients * 4인분

+ 작은 햇양파 4~5개
+ 마늘 2쪽
+ 햇감자 3개
+ 당근 1개
+ 완두콩 1컵
+ 생크림 1/2컵
+ 쪽파 적당량
+ 올리브유 2큰술
+ 소금, 후추

"따뜻할 때 먹으면 더 맛있어요."

Recipe

밑준비

① 감자는 껍질을 벗겨 한입 크기로 자른 후 물을 넉넉히 부은 냄비에 소금을 조금 넣고 5분간 삶아(약간 덜 익은 정도) 채에 받쳐 물기를 뺀다.

② 당근은 1cm 크기로 깍둑썰기하여 소금을 조금 넣은 물에 삶는다. 당근이 부드러워지면 완두콩을 넣고 3분 정도 같이 삶아 채에 받쳐 물기를 뺀다.

③ 양파는 깍둑썰기하고, 마늘은 잘게 썬다.

만드는 방법

1 달군 냄비에 올리브유를 두르고 양파와 마늘을 볶다가 뚜껑을 닫고 약한 불로 줄여 3분간 익힌다.

2 (1)에 감자를 넣고 중간 불로 볶다가 뚜껑을 닫아 약한 불로 3분간 더 익힌다.

3 (2)에 당근, 완두콩, 생크림을 넣고 소금과 후추로 간을 한 다음 뚜껑을 열고 약한 불로 2분간 졸인다.

스페인
래디시 샐러드

인간의 미각이 결정적으로 형성되는 유년 시기에 독일에 살았던 나는,
어머니가 해준 독일식 래디시 피클을 가장 좋아했어요. 처음 한국 생활을
시작했을 때는 당근, 토마토, 오이보다 더 좋아하는 래디시를 먹을 수 없어서
무척 아쉬웠지만, 지금은 쉽게 구할 수 있어서 다행이에요.
래디시가 없다면 총각무나 순무를 얇게 썰어 이용하면 맛있게 만들 수 있어요.

Ingredients * 4인분

+ 쌈 채소 두 줌
+ 래디시 5~6개

> 드레싱 재료
- 플레인 요구르트 1/2컵
- 실파 2뿌리 또는 쪽파 1뿌리
- 레몬즙 1큰술
- 꿀 1큰술
- 소금, 후추

Recipe

밑준비
① 쌈 채소는 깨끗이 씻어 물기를 뺀다.
② 래디시는 깨끗하게 씻은 후 얇게 저민다.

만드는 방법

1 드레싱 볼에 드레싱 재료를 넣고 잘 섞는다. 소금과 후추로 간을 하고, 랩을 씌워 냉장고에 1시간 이상 차게 둔다.

2 샐러드 볼에 채소와 래디시를 넣고 살짝 버무린 후 차가운 드레싱을 뿌린다. 기호에 따라 이탈리아 파슬리, 민트, 바질, 사과를 섞고 먹기 직전에 신선한 올리브유를 뿌린다.

Tip

"래디시 또는 무 등의 채소는 본연의 맛을 잃지 않도록 칼로 자르는
즉시 드레싱이나 소금을 뿌려야 해요. 드레싱을 냉장고에서 재우는
중이라면 저민 래디시를 볼에 담아 소금을 조금 뿌려놓으세요."

스페인

그린 빈스와 앤초비 샐러드

유럽에서는 요리에 그린 빈스를 많이 사용하는데, 지중해 연안 국가에서는
온난한 기후 덕분에 일 년 내내 먹을 수 있어요. 봄부터 여름에 걸쳐
출하되는 그린 빈스는 알이 단단하고 단맛이 강해서 스페인이나
프랑스에서는 봄 샐러드의 주재료로 자주 사용해요.
한국에서는 즐겨먹는 채소가 아니라서 그런지 그린 빈스의 가격이 비싼
편이에요. 아스파라거스나 마늘종 등으로 대신해도 맛있어요.

Ingredients * 4인분

+ 삶은 달걀 2개
+ 그린 빈스 20개
+ 앤초비 12조각
+ 케이퍼 2큰술
+ 블랙 올리브 20개
+ 방울토마토 20개

› 드레싱 재료
  - 레드 와인 비네거 2큰술
  - 올리브유 4큰술
  - 소금, 후추

Recipe

밑준비

① 냄비에 물, 소금 한 줌을 넣어 계란을 삶는다. 한소끔 끓어오르면 7분간 더 삶는다. 반숙으로 익히기 위해 불에서 내리자마자 찬물에 헹궈 껍질을 벗긴다. 그런 다음 4조각으로 자른다.

② 그린 빈스는 손으로 꼭지를 따고, 냄비에 물, 소금 한 줌을 넣어 3분간 삶는다. 데친 후 물기를 뺀다.

③ 방울토마토는 세로로 해서 반으로 자른다.

④ 앤초비는 먹기 좋게 손으로 찢고, 케이퍼는 물기를 뺀다.

만드는 방법

1 볼에 드레싱 재료를 넣고 잘 섞는다.
2 샐러드 볼에 올리브, 방울토마토, 앤초비, 케이퍼를 넣고 드레싱을 뿌린다.
3 접시에 (2)를 담아 달걀을 올리고 후추를 뿌린다.

프랑스
프로방스 봄 샐러드

프랑스 프로방스 지방의 대표적인 샐러드를 계절이 바뀔 때마다
제철 채소와 함께 소개할게요. 이 레시피는 현지에서 만드는 것과 조금
다르지만, 프로방스의 봄바람을 떠올리며 만들었어요.
드레싱에 앤초비가 들어가지만 앤초비에 거부감이 있는 사람들도 '어머,
앤초비가 어디에 들어 있다는 거야?' 하며 찾아보게 될 거예요.

Ingredients * 4인분

+ 쌈 채소 10장
+ 로메인 상추 3~4장
+ 페타 치즈 또는 모차렐라 치즈 100g
+ 베이컨 3장
+ 잣 1/2컵

> 드레싱 재료
  - 앤초비 3토막
  - 마늘 2쪽
  - 레몬즙 2큰술
  - 화이트 와인 비네거 1큰술
  - 올리브유 6큰술
  - 소금, 후추

Recipe

밑준비
① 쌈 채소와 로메인 상추는 깨끗이 씻어 물기를 뺀다.
② 베이컨은 5mm 폭으로 얇게 썰어 프라이팬에서 중간 불로 바삭하게 굽는다.
③ 잣은 타지 않게 주의하며 볶는다.
④ 드레싱에 쓸 앤초비와 마늘은 잘게 다진다.

만드는 방법
1 드레싱 재료를 볼에 넣고 소금과 후추로 간을 하며 섞는다.
2 샐러드 볼에 쌈 채소와 로메인 상추를 먹기 좋게 손으로 뜯어 넣고 베이컨과 페타 치즈, 잣을 얹는다. (1)을 뿌리면 완성!

프랑스

알리올리 소스와
타프나드 소스를 곁들인 신선한 채소 모듬

매서운 겨울이 지나고 봄이 오면 채소가게에 있는 채소들이 유독 신선해
보입니다. 아마도 우리의 몸이 땅의 기운을 받고 싶어 하기 때문일 거예요.
이 샐러드는 여러 가지 나물과 함께 좋아하는 채소를 싱싱한 그대로 먹는
요리로, 프랑스 남부지방의 마늘 마요네즈인 '알리올리Allioli 소스'와 '프로방스의
버터'라 불리는 '타프나드Tapenade 소스'를 찍어 먹어요.
핸드블렌더를 이용하면 소스는 간편하게 만들 수 있어요.

Ingredients * 4~6인분

+ 마늘 2개
+ 셀러리 3개
+ 버섯 6개
+ 엔다이브 또는 쌈 배추 1/4개
+ 아스파라거스 6개
+ 콜리플라워 또는 브로콜리 1/2개
+ 당근 1개

> 알리올리 소스 재료
  - 달걀노른자 2개
  - 마늘 4쪽
  - 레몬즙 1큰술
  - 올리브유 250ml
  - 소금 1/2작은술

> 타프나드 소스 재료
  - 블랙 올리브 1/2캔 또는 200g
  - 케이퍼 1큰술
  - 앤초비 4마리
  - 마늘 1쪽
  - 레몬즙 1큰술
  - 디종 머스타드 1작은술
  - 타임 잎 1작은술
  - 올리브유 100ml

Recipe

밑준비

① 셀러리는 필러로 껍질을 벗겨 10cm 길이로 자르고, 당근은 먹기 좋게 10cm 길이로 자른다.

② 버섯은 칼로 바깥쪽 껍질을 벗기고 얇게 썬다. 엔다이브 잎은 손으로 한 장 한 장 벗긴다.

③ 아스파라거스는 뿌리 부분을 3cm 정도 잘라내고 줄기 껍질을 살짝 벗긴다. 콜리플라워는 먹기 좋게 잘라 소금을 조금 넣은 물에 1분간 데쳐 찬물에 담갔다가 물기를 뺀다.

④ 마늘은 잘게 썰고, 타임 잎은 잘게 다진다.

만드는 방법

1. 알리올리 소스를 만든다. 043P 참조
2. 타프나드 소스를 만든다. 045P 참조
3. 크고 평평한 접시에 손질한 채소를 놓고, 소스는 각기 작은 볼에 담아 접시에 얹는다.

알리올리 소스
만들기

핸드블렌더로 만드는 방법

1. 모든 재료를 핸드블렌더로 가볍게 섞다가 올리브유를 조금씩 넣으면서 믹싱하면 마요네즈처럼 걸쭉해진다.
2. 레몬즙과 소금으로 간을 한다.

Tip

"핸드블렌더로 만들 때는 준비하는 기본 재료의 양을 2~3배로 한다."

알리올리 소스 만드는 방법

1 마늘을 잘게 썰어 절구통 또는 속이 깊은 단단한 도자기 그릇에 넣고 절구로 두드리듯 잘 갈아서 으깬다.
3 마늘이 끈적끈적해지면 달걀노른자를 넣고 으깨어 전체적으로 잘 버무린다.
4 올리브유 1작은술을 흘리듯 넣어주고 잘 섞는다.
 재료가 전체적으로 잘 섞이면 올리브유를 1큰술씩 더하면서 섞는다. 겉돌지 않을 때까지 저은 후 소금을 조금 넣고 그릇에 옮겨 담는다.

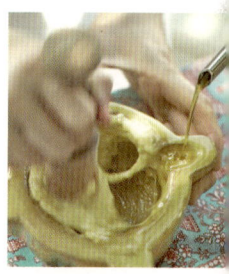

타프나드 소스
만들기

타프나드 소스 만드는 방법

1 올리브, 케이퍼, 앤초비, 마늘을 푸드 프로세서 혹은 핸드블렌더로 가볍게 돌리다가 올리브유, 레몬즙, 머스터드, 타임 잎을 넣어 페이스트 상태가 될 때까지 간다.

프랑스

대파와 비네거 소스

프랑스의 푸와호Poireaux는 영어권에서는 '리크Leek'라고 불리는데,
한국의 대파처럼 흔히 먹는 채소예요.
여기에서는 푸와호 대신 초봄이 되면 단맛이 많이 나는 대파를 쓸 거에요.
이 샐러드를 맛있게 먹으려면 대파를 부들부들하게
살짝 익혀 따뜻할 때 식탁에 내면 돼요.
따뜻할 때 비네거 소스를 뿌리면 대파에 잘 스며들어 맛이 더 좋아져요.

Ingredients * 4인분

+ 대파 2개

> 비네거 소스 재료
  - 화이트 와인 비네거 1큰술
  - 홀 그레인 머스터드 1작은술
  - 이탈리아 파슬리 적당량
  - 올리브유 4큰술
  - 소금 적당량

Recipe

밑준비
① 대파는 초록색 부분을 자르고, 바깥쪽 딱딱한 껍질을 떼어낸 후 씻어둔다.

만드는 방법

1. 볼에 홀 그레인 머스터드와 화이트 와인 비네거, 소금을 넣고 거품기로 잘 섞다가 올리브유를 조금씩 넣어 섞는다.
2. 큰 냄비에 물을 넉넉히 부어 끓이다가 소금을 조금 넣고 파가 부드러워질 때까지 5분간 데친 후 물기를 뺀다.
3. 파가 따뜻할 때 (1)의 비네거 소스를 뿌린다.

프랑스

그린 아스파라거스로 만든 미모사 샐러드

유럽의 봄 채소 하면 아스파라거스를 빼놓을 수 없어요. 아시아에서는 그린 아스파라거스를 즐겨먹지만, 유럽에서는 화이트 아스파라거스가 봄의 향기를 전해주지요. 아쉽게도 한국에서는 통조림으로밖에 본 적이 없어요. 개인적으로 화이트 아스파라거스를 좋아하는 편이 아니어서 유럽에 있을 때는 싱그럽고 풋풋한 그린 아스파라거스를 자주 먹었어요.
아스파라거스에 뿌리는 달걀노른자가 '미모사'라는 꽃을 닮아 '미모사 샐러드'라고 불러요.

Ingredients * 4인분

+ 아스파라거스 1kg
+ 삶은 달걀 4개

> 드레싱 재료
  - 레몬즙 1/2개분
  - 케이퍼 2큰술
  - 실파 또는 쪽파 2뿌리
  - 올리브유 6큰술
  - 소금, 후추

Recipe

밑준비

① 아스파라거스를 골고루 익히기 위해 중심 부분과 뿌리의 딱딱한 껍질을 필러로 벗긴다.
② 삶은 달걀의 흰자와 노른자는 각각 포크로 으깨둔다.

만드는 방법

1 바닥 면이 넓은 냄비에 아스파라거스가 잠길 정도로 물을 붓고 끓기 시작하면 소금을 조금 넣은 후 뚜껑을 덮고 중간 불로 3분간 삶는다. 아스파라거스가 익으면 채에 받쳐 물기를 빼 접시에 담는다.
2 드레싱 재료를 섞는다.
3 (1)에 드레싱을 뿌리고 마지막에 노란색과 흰색이 지그재그로 교차하듯이 으깬 달걀을 뿌린다.

이탈리아
펜넬과 참치, 여러 가지 채소 샐러드

꽃샘추위가 지나고 마당과 베란다에 어떤 꽃과 채소를 심을까 몸이
근질근질해지는 4월이 되면, 가장 먼저 허브가 떠올라요.
민트, 루콜라, 바질, 오레가노 등 모종을 심고 2주 정도 지나면 쑥쑥
자라 '오늘은 어떤 허브를 쓸까?' 하는 행복한 고민을 하게 됩니다.
펜넬과 참치 캔을 이용한 파스타 샐러드에는 봄내가 물씬 나는
싱싱한 바질을 듬뿍 넣으세요.

Ingredients * 4인분

- 펜넬 300g
- 토마토 2개
- 마늘 2쪽
- 올리브 10개
- 바질 잎 1컵
- 케이퍼 1큰술
- 잣 2큰술
- 참치 캔 1개

> 드레싱 재료
- 레몬즙 1/2개분
- 발사믹 식초 1큰술
- 올리브유 5큰술
- 소금 1작은술
- 후추

Recipe

밑준비

① 마늘은 잘게 다지고, 토마토는 2cm 크기로 숭덩숭덩 썬다.
② 올리브와 케이퍼는 물기를 가볍게 빼서 잘게 썰고, 잣은 프라이팬에 볶은 후 다진다. 바질도 다진다.
③ 참치는 기름을 뺀다.

만드는 방법

1 드레싱 재료를 섞어 드레싱을 만든 다음, 올리브와 케이퍼, 잣, 바질과 함께 잘 버무려 냉장고에서 2~3시간 재운다.
2 깊이가 있는 냄비에 충분한 양의 물과 물 양의 10% 분량의 소금을 넣고 끓이다가 펜넬을 넣는다.
3 삶은 펜넬은 차가운 물로 헹궈, 물기를 빼고 (1)과 섞으면 완성.

Tip
"파스타는 봉투에 적혀 있는 적정시간에 맞춰 삶는 것이 가장 맛있어요."

이탈리아

버터 레터스와
홈메이드 드라이 토마토 샐러드

버터 레터스에 직접 만든 세미 드라이 토마토를 곁들이면
이탈리아 레스토랑의 유명한 셰프가 만든 것 못지않은 멋진 샐러드가 완성돼요.
버터 레터스를 구하지 못했다면 로메인으로 대신하면 돼요.

Ingredients * 4인분

+ 버터 레터스 또는 로메인 두 줌
+ 양상추 4~5장
+ 적색 치커리 2~3장
+ 대파 1개
+ 래디시 10개
+ 케이퍼 2큰술

> 세미 드라이 토마토 재료
- 방울토마토 1kg, 소금, 말린 타임, 올리브유, 발사믹 식초 적당량

> 드레싱 재료
- 마늘 1쪽
- 레몬즙 2큰술
- 올리브유 3큰술
- 소금, 후추

Recipe

밑준비

① 버터 레터스, 양상추, 적색 치커리를 깨끗이 씻어 물기를 뺀다.
② 래디시와 대파는 얇게 썬다.
③ 방울토마토 1kg를 반으로 자른다.

만드는 방법

1 세미 드라이 토마토를 만든다. 반으로 자른 방울토마토의 단면이 위로 오도록 오븐 팬에 늘어놓는다. 소금, 말린 타임, 올리브유, 발사믹 식초를 전체적으로 뿌려 120도의 오븐에서 1시간 30분간 굽는다.
2 볼에 드레싱 재료를 넣고 소금과 후추로 간을 하면서 잘 섞는다.
3 손으로 자른 버터 레터스, 양상추, 적색 치커리와 대파, 래디시를 볼에 넣고 드레싱을 뿌려 가볍게 섞는다.
4 케이퍼와 올리브유를 뿌린다.

"남은 세미 드라이 토마토는 올리브유를 뿌려 밀폐용기에 보관하면
일주일간 냉장보관이 가능해요!"

이탈리아
로마 스타일의 바다 샐러드

지중해 연안의 고대 도시 로마를 떠올리며 만들어보세요.
신선한 해산물과 단맛이 풍부한 올리브유를 꼭 준비하세요.

Ingredients * 4인분

+ 새우, 가리비, 게, 오징어, 문어 등 신선한 조개류와 갑각류 1근
+ 레몬 껍질
+ 새싹채소 3컵
+ 세미 드라이 토마토 1컵

› 드레싱 재료
  - 레몬즙 1/2개
  - 올리브유 4큰술
  - 소금, 후추

› 마무리 재료
  - 얇게 자른 레몬, 오렌지 등 1/2개분
  - 실파 또는 쪽파 2뿌리
  - 딜 적당량
  - 발사믹 식초
  - 올리브유 적당량

Recipe

밑준비

① 오징어와 새우는 손질한 후 끓는 물에 살짝 데쳐둔다.
② 가리비는 손질된 것을 준비한다. 동그랗게 자른 레몬 껍질과 함께 2~3분간 쪄서 식혀둔다.
③ 문어는 밑준비된 것을 사서 삶는다. 문어를 삶을 때는 냄비에 물 한 컵을 붓고 뚜껑을 닫은 상태에서 익힌다. 문어의 색이 붉게 변하면 뒤집어서 1분간 뚜껑을 닫고 삶는다. 다리를 5mm 폭으로 얇게 썬다.
④ 새싹채소는 살짝 씻어 물기를 뺀다. 노랗게 변한 잎은 버린다.
⑤ 오렌지와 레몬은 껍질을 벗기고 얇게 링 모양으로 자른다.
⑥ 세미 드라이 토마토를 준비한다 053P 참조.
⑦ 실파는 1cm 길이로 썬다.

만드는 방법

1 드레싱 재료를 섞어 드레싱을 만든다.
2 접시에 문어를 보기 좋게 깔고, 오징어, 새우, 가리비, 오렌지, 레몬 순으로 올려 드레싱을 뿌린다.
3 마지막에 실파와 딜, 올리브유와 발사믹 비네거를 살짝 뿌리면 완성.

이탈리아
앤초비와 그린 빈스 샐러드

바르셀로나에서는 겨울이 따뜻한 편이라서 한국처럼 추운 겨울을
이겨내고 성큼 다가온 봄날의 기운을 기쁜 마음으로 맞이하는 감동을
누려볼 기회가 별로 없어요. 그런 바르셀로나에서도 봄의 기운을
느끼게 해준 샐러드를 소개할게요.
싱싱한 그린 빈스를 씹는 아삭함이 싱그러울 거예요.

Ingredients * 4인분

+ 그린 빈스 60개 정도
+ 잣 1/2컵

> 드레싱 재료
- 앤초비 5개
- 화이트 와인 비네거 2큰술
- 민트 잎 4~5장
- 올리브유 6큰술

Recipe

밑준비

① 그린 빈스는 손으로 꼭지 부분을 부러뜨려 제거하고, 소금을 조금 넣은 물에 3분간 데친 후 채에 받쳐 물기를 뺀다.
② 잣은 프라이팬에 타지 않을 정도로 살짝 볶는다.
③ 앤초비는 잘게 다진다.

만드는 방법

1 드레싱의 재료를 섞어 드레싱을 만든다.
2 샐러드 볼에 삶은 그린 빈스를 넣고 잣을 더한다.
3 (2)를 그릇에 담고 드레싱을 뿌려 민트 잎으로 장식한다.

이탈리아
딸기와 루콜라 샐러드

영국과 프랑스에서는 '로켓Rocket', 미국에서는 '아르굴라Arugula'라고 하는
루콜라는 손으로 잘라 입 안에 넣는 순간 살짝 쓴맛이 느껴지기는 하지만,
씹는 동안 마치 참기름을 핥는 듯한 고소함으로 바뀌는 매력적인 허브예요.
쓴맛을 줄이기 위해 딸기를 듬뿍 곁들이고 단맛이 강한 올리브유를 살짝
두르면 색감이 선명한 샐러드가 돼요.

Ingredients * 4인분

+ 딸기 10개
+ 루콜라 한 줌
+ 새싹채소 2컵

> 드레싱 재료
  - 레몬즙 2큰술
  - 발사믹 식초 1큰술
  - 올리브유 5큰술
  - 소금, 후추

Recipe

밑준비
① 딸기를 살짝 씻어 물기를 제거한 다음 4등분한다.
② 루콜라와 새싹채소는 깨끗이 씻어 물기를 완전히 뺀다.

만드는 방법
1 드레싱 볼에 드레싱 재료를 넣고 잘 섞는다.
2 샐러드 볼에 채소를 먹기 좋은 크기로 뜯어 넣은 후 딸기를 넣고 드레싱을
   뿌린다.

"샐러드를 버무릴 때 딸기가 뭉개지지 않도록 주의하세요!"

이탈리아

바질 페이스트를 곁들인 봄 채소와 토마토 샐러드

바질, 마늘, 올리브유만으로 소스를 만들어서 그런지 "숲속에 있는 것 같아요" 하고 말하는 사람들이 있어요. 벚꽃이 질 무렵 나오는 아스파라거스, 그린 빈스, 완두콩을 햇것으로 구입해 싱그러운 봄을 느끼면서 만들어보세요.

Ingredients * 4인분

+ 토마토 4~5개
+ 방울토마토 10~12개
+ 그린 빈스 15개
+ 완두콩 1컵
+ 그린 아스파라거스 10개
+ 새싹채소 1컵
+ 올리브 1/2컵

> 드레싱 재료
- 레몬즙 2큰술
- 발사믹 식초 1큰술
- 올리브유 6큰술

> 바질 페이스트 재료
- 마늘 2쪽
- 바질 한 줌
- 올리브유 1컵

Recipe

밑준비

① 아스파라거스는 뿌리 부분을 3cm 정도 잘라내고 껍질을 벗긴다.
② 그린 빈스는 양쪽 꼭지를 떼어낸다.
③ ①과 ②를 물을 충분히 넣은 냄비에 소금을 조금 넣고 완두콩과 함께 3분간 데친 후 찬물에 헹궈 물기를 뺀다.
④ 새싹채소는 살짝 씻어서 물기를 뺀다.
⑤ 토마토는 씻어서 먹기 좋게 자르고, 방울토마토는 세로로 반을 자른다.

만드는 방법

1. 볼에 드레싱 재료를 넣고 잘 섞는다.
2. 바질 페이스트 재료를 짙은 초록색이 될 때까지 핸드블렌더로 간다.
3. 샐러드 볼에 아스파라거스, 완두콩, 그린 빈스, 올리브, 새싹채소를 넣고 드레싱을 뿌려 버무린다.
4. 접시에 (3)를 담고 토마토를 얹는다. 마지막에 (2)를 뿌리고 기호에 따라 발사믹 식초나 파르메산 치즈를 더한다.

이탈리아
주꾸미 루콜라 샐러드

봄에는 봄 채소뿐만 아니라 제철 바지락과 주꾸미도 가격이 저렴해져요. 그래서 봄이
되면 한동안 생선가게 앞에서 바라보기만 하던 한국산 주꾸미를 넉넉히 사서 한국식으로
매콤하면서도 달콤하게 전골을 끓이기도 하고 불에 구워 레몬즙을 뿌려 먹기도 하지요.
이 레시피는 다른 식재료들을 준비해야 해서 조금은 수고롭지만, 주꾸미를 푸짐하게
넣어 메인으로 내놓으면 나른한 봄날 지친 입맛을 돋우는 훌륭한 식탁이 될 거예요.

Ingredients * 4인분

> **주꾸미 구이**
- 주꾸미 8마리
- 레몬즙 적당량
- 붉은 고추 1개
- 올리브유 2큰술
- 설탕 1과 1/2작은술
- 소금 1/2작은술

> **채소 구이**
- 애호박 1/4개
- 붉은 양파 1개
- 세미 드라이 토마토 1컵 053P 참조
- 올리브유 1큰술
- 소금, 후추

> **루콜라 샐러드**
- 루콜라 100g
- 발사믹 식초 1큰술
- 올리브유 2큰술
- 후추

> **장식**
- 올리브유, 파르메산 치즈

Recipe

밑준비
① 주꾸미는 소금으로 박박 문질러 씻어 끓는 물에 30초간 데친다.
② 애호박과 붉은 양파는 1cm 폭으로 썰고, 붉은 고추는 잘게 썬다.
③ 루콜라는 깨끗이 씻어 물기를 뺀다.

만드는 방법
1 볼에 주꾸미를 제외한 주꾸미 구이 재료를 넣고 잘 섞는다. 그런 다음 물기를 뺀 주꾸미를 넣어 30분간 재운다.
2 프라이팬을 달궈 주꾸미를 살짝 굽는다.
3 주꾸미를 볼에 넣고 세미 드라이 토마토를 더해 올리브유, 소금, 후추를 뿌린다.
4 애호박을 팬에 살짝 굽는다.
5 볼에 발사믹 식초, 올리브유, 후추를 섞은 다음, 루콜라를 뜯어 넣고 살짝 버무린다.
6 크고 편평한 접시나 개인용 샐러드 접시 한가운데에 (5)를 풍성하게 담고, (2)과 (4)를 얹는다. 기호에 따라 올리브유와 파르메산 치즈를 살짝 뿌린다.

그리스
이탈리아 파슬리 오일을 뿌린 와일드 그린 샐러드

요리교실에서 이 샐러드를 만들 때면 "선생님, 와일드하게, 거칠게, 야생적인 느낌으로 담으면 되는 건가요?" 하는 질문을 받아요. 굳이 그런 느낌으로 만든 레시피는 아니지만 초록빛으로 물든 초여름의 강한 푸름이 느껴지는 샐러드예요.
핸드블렌더가 있으면 페이스트를 뚝딱 만들 수 있어서 특별히 어려운 점은 없어요. 페이스트는 반드시 먹기 직전에 뿌려야 채소의 아삭아삭한 식감을 즐길 수 있어요!

Ingredients * 4인분

+ 여러 가지 쌈 채소 세 줌 정도
+ 붉은 양파 1개

> 드레싱 재료
  - 이탈리아 파슬리 또는 바질 한 줌
  - 마늘 3쪽
  - 레몬즙 2큰술
  - 올리브유 100ml
  - 소금, 후추

Recipe

밑준비
① 쌈 채소는 깨끗하게 씻어 물기를 뺀다.
② 붉은 양파는 반으로 갈라 얇게 썰어 볼에 넣고 소금 1/2작은술을 뿌려둔다.

만드는 방법
1. 드레싱 재료를 모두 넣고 옅은 초록색 퓨레(덩어리 없이 진한 소스 같은 상태)가 될 때까지 블렌더를 돌린다. 기호에 따라 소금과 후추로 간을 한다.
2. 샐러드 볼에 쌈 채소를 손으로 뜯어 넣는다.
3. 붉은 양파의 물기를 완전히 없애 (2)에 올리고, 드레싱을 뿌린다.

알감자와
바질 페이스트로 만든 감자 샐러드

이 감자 샐러드를 흔히 먹어봤던 것과 비교하지 마세요!
어릴 적부터 마요네즈를 싫어했던 탓에 마요네즈를 곁들이는 감자
샐러드에 불만이 많았어요.
이번 샐러드는 여러 번의 시행착오 끝에 만들어낸 결과물이에요.
전통적인 일본식 감자 샐러드는 삶은 계란을 잘라 곁들이지만,
요즘에는 그마저도 싫증이 나서 메추리알로 만들기도 해요.
감자는 초여름이면 볼 수 있는 알감자를 반으로 잘라 사용했어요.
또 봄은 바질이 가장 맛있을 때이므로 바질 페이스트로 버무려봤어요.
차가운 화이트 와인과 잘 어울릴 거에요.

Ingredients * 4인분

+ 메추리알 15개 정도
+ 알감자 두 근
+ 완두콩 1컵
+ 소금, 후추

> 드레싱 재료
  - 바질 1컵
  - 이탈리아 파슬리 1/2컵
  - 잣 1/3컵
  - 파르메산 치즈 1/2컵
  - 마늘 2쪽
  - 화이트 와인 비네거 2큰술
  - 민트 잎 5~6장
  - 올리브유 1컵
  - 소금 1/2작은술
  - 후추

Recipe

밑준비

① 메추리알은 5분간 삶아 찬물로 헹궈 껍질을 벗겨둔다.
② 냄비에 소금을 조금 넣고 완두콩을 3분간 삶아 채에 받쳐 식힌다.
③ 수세미로 깨끗이 씻은 감자에 물 7컵, 소금 1작은술을 넣어 삶고, 끓어오르면 약한 중간 불로 줄여 10분간 삶는다. 다 삶아지면 채에 받쳐 드레싱이 잘 스미도록 따뜻할 때 반으로 자른다.
④ 바질, 파슬리는 적당한 크기로 손으로 뜯어놓는다.
⑤ 마늘은 저미고, 민트 잎은 채를 썬다.

만드는 방법

1 드레싱 재료를 푸드 프로세서나 핸드블렌더로 가볍게 돌린다. 올리브유를 더하면서 페이스트 상태가 될 때까지 간다.
2 샐러드 볼에 감자와 ⑴과 화이트 와인 비네거, 완두콩을 더해 소금과 후추로 간을 한다.
3 ⑵를 그릇에 담고 반으로 자른 메추리알을 얹어 민트와 파슬리를 올린다.

크레송, 피스타치오, 봄나물로 만든 샐러드

초봄에는 왠지 입맛을 개운하게 하는 음식이 생각나요. 이 레시피는 그럴 때 어울리는 샐러드로, 식욕을 왕성하게 하지요. 미나리같이 수경재배하는 채소와 데치지 않아도 먹을 수 있는 한국의 나물과 함께 버무리면 산뜻해요. 드레싱은 한국의 오미자청을 더해 새콤한 맛을 냈어요.

Ingredients * 4인분

+ 크레송 2컵
+ 좋아하는 봄나물(돌나물, 참나물, 돌미나리 등 생으로 먹는 나물) 2컵
+ 새싹채소 두 줌
+ 피스타치오 1/3컵

> 드레싱 재료
  - 레몬즙 2큰술
  - 오미자청 2큰술
  - 올리브유 4큰술
  - 소금, 후추

Recipe

밑준비
① 채소는 깨끗하게 씻어 물기를 뺀다.
② 피스타치오는 껍질을 벗겨 칼로 잘게 부순다.

만드는 방법
1 볼에 드레싱 재료를 넣고 잘 섞는다.
2 샐러드 볼에 채소를 넣고 드레싱을 뿌려 버무린다. 마지막에 피스타치오를 뿌리면 완성.

자몽과 봄나물 샐러드

지중해의 맛과 한국의 맛이 조화롭게 어우러진 샐러드예요. 추위에
웅크리던 몸이 따뜻한 봄이 되어 나른해지는 때 생기를 불어넣어 주지요.
자몽과 쓴맛이 나는 나물에 향이 부드러운 올리브유 약간과 참기름을 더해
풍미를 높였어요.
참기름 대신 들기름을 써도 좋아요.

Ingredients * 4인분

+ 양파 1/2개
+ 자몽 2개
+ 돌나물, 세발나물, 돌미나리 중 한 가지 2컵

> 드레싱 재료
- 레몬즙 2큰술
- 참기름 또는 들기름 1큰술
- 올리브유 2큰술
- 소금

Recipe

밑준비
① 양파는 반으로 잘라 얇게 썰어 볼에 넣고 소금 한 줌을 더해 10분간 둔다.
② 나물은 잘 씻어서 물기를 뺀다.
③ 자몽은 속이 보일 정도로 양끝을 잘라낸 후 도마에 올려놓고 얇게 칼집을 내어 알맹이만 발라낸다. 072P 참조

만드는 방법
1 볼에 드레싱 재료를 넣고 잘 섞는다.
2 샐러드 볼에 자몽, 나물, 물기를 완전히 제거한 양파를 넣고 드레싱을 뿌려 버무린다.

자몽 다듬기

제 2 장

여름
Summer

스페인
민트와 블랙 올리브를 곁들인
여름 과일 샐러드

장미가 활짝 피는 5월이 되면 우리 집 화단에는 민트가 쑥쑥 자라나요.
그래서 봄과 여름이 되면 유독 민트 잎을 따서 요리가 하고 싶어지지요.
민트 잎은 여름날의 바비큐 파티나 와인 파티 때 더위를 잊게 해줘요.
이 레시피는 여름 과일을 이용하는데, 봄 식탁에 올릴 때는 수박 대신 딸기를
넣으면 달콤한 향이 더욱 배가 됩니다.

Ingredients * 4인분

+ 파인애플 1/4개
+ 천도복숭아 2개
+ 키위 2개
+ 수박 1/8개
+ 블루베리 1/2컵
+ 블랙 올리브 1/2컵
+ 민트 잎 1컵

> 드레싱 재료
- 라임즙 또는 레몬즙 1개
- 올리브유 4큰술
- 후추

Recipe

밑준비

① 파인애플과 수박은 2cm 크기로 깍둑썰기한다. 키위와 천도복숭아는 한입 크기로 얇게 썰고, 올리브는 가로로 저민다. 블루베리는 잘 씻어서 물기를 뺀다.

② 민트 잎은 채를 썬다.

만드는 방법

1 드레싱 볼에 드레싱 재료를 넣고 잘 섞는다.
2 샐러드 볼에 과일을 넣고 드레싱을 뿌린다. 민트로 장식한다.

스페인
심플 토마토 샐러드

어릴 적 여름날 식탁에는 토마토를 잘라 맛소금을 뿌린 간단한 샐러드가
나오곤 했어요. 맛소금의 짭조름한 맛 때문인지, 한여름 볕을 흠뻑 쬔 토마토의
단맛 때문인지, 입 주변이 붉게 물들 때까지 토마토만 먹었던 기억이 납니다.
그로부터 20년 후, 스페인에서 또 다른 스타일의 토마토 샐러드를 만났어요.
바르셀로나에서 2년 동안 근무했던 제약회사의 작은 식당에서 점심시간만
되면 이 토마토 샐러드를 만들었던 한 나이 든 동료가 떠오르네요. 아직도
활짝 갠 한여름 한낮이면 어김없이 그녀에게서 배운 이 샐러드가 생각나요.
간단하게 만들 수 있는 만큼 토마토만으로 샐러드의 맛이 결정되므로
한국에서는 한여름보다는 4~5월이 제철인 대저 토마토(짭짤이 토마토)로
만드는 것이 훨씬 맛있어요.

Ingredients * 4인분

+ 토마토 4~5개
+ 마늘 2~3쪽
+ 붉은 양파 1/2개
+ 파프리카 파우더 1큰술
+ 오레가노 (또는 오레가노 가루) 10장

> 드레싱 재료
- 화이트 와인 비네거 2큰술
- 올리브유 4큰술
- 소금, 후추

Recipe

밑준비
① 토마토는 8mm의 두께로 링 모양으로 자른다.
② 마늘은 잘게 다지고, 양파는 반으로 잘라 얇게 썬다.

만드는 방법
1 볼에 드레싱 재료를 섞는다.
2 그릇에 토마토를 올리고 마늘, 양파 순으로 얹는다.
3 (2)에 드레싱과 파프리카 파우더를 뿌린다. 마지막에 오레가노 잎을 뿌려 맛이 배도록 5분간 두었다가 먹는다.

Tip
"파프리카 파우더가 없으면 고운 고춧가루를 사용하세요."

프랑스
프로방스풍 여름 샐러드

한국의 채소를 사용해 프로방스 지방을 떠올리며 만들어봤어요.
서울의 여름보다 덥지만 습기 없이 탁 트인 남부 프로방스의 기후에
어울리는 담백한 레몬 맛 드레싱을 만들 거예요. 절인 채소를 얹을 수 있는
접시를 만들듯이 양상추를 한 장 한 장 정성스럽게 벗기세요.
바깥쪽의 넓적한 잎보다 안쪽의 둥글둥글한 잎을 고르는 게 포인트예요.

Ingredients * 4인분

+ 양상추 1/3개
+ 토마토 2개
+ 파프리카 노란색, 오렌지색 각 1개
+ 오이 1개
+ 붉은 양파 1/2개
+ 아보카도 1개

> 드레싱 재료
- 오렌지와 레몬 껍질 각 1/2개분
- 화이트 와인 비네거 2큰술
- 레몬즙 1큰술
- 올리브유 6큰술
- 소금, 후추

Recipe

밑준비
① 토마토, 파프리카, 양파는 1cm 크기로 깍둑썰기한다.
② 오이는 필러를 사용해 줄무늬 모양으로 껍질을 벗겨 1cm 크기로 깍둑썰기한다.
③ 아보카도는 길게 칼집을 넣어 반으로 나눈다. 속에 있는 씨를 꺼내고 껍질을 벗겨 1cm 크기로 깍둑썰기한다.
④ 양상추는 겉부분을 떼어내고 찬물에 담갔다가 건져내 4등분한다. 양상추의 잎을 한 장 한 장 깨끗하게 뗀다.

만드는 방법
1 토마토, 파프리카, 양파, 오이, 아보카도를 볼에 넣는다.
2 다른 볼에 드레싱 재료를 잘 섞어 (1)과 잘 버무린다. 먹기 직전까지 냉장고에 둔다.
3 양상추를 접시 가장자리에 깔고 (2)를 담는다. 마지막에 올리브유를 살짝 뿌린다.

프로방스풍 여름 샐러드

제2장 여름 * 083

프랑스

작은 양파와
건포도를 조린 샐러드

아마도 이 샐러드를 보고 '양파찜 아니야?' 하고 생각할지도 모르겠군요.
지중해와 인접한 프로방스 지방의 요리로, 지중해 연안 지방에서는 건포도를
많이 사용하는데, 일반적인 건포도 보다 2~3배 더 큰 것을 사용해요.
알이 큰 건포도 대신 흔히 볼 수 있는 건포도나 건자두, 말린 체리를 넣어도
좋아요. 원래 작은 양파가 아니라 단 맛이 더 강한 '에샬롯 Échalote'을 사용하지만,
작은 양파로도 충분히 새로운 상차림을 연출할 수 있어요.

Ingredients * 4인분

+ 작은 양파 400g
+ 화이트 와인 비네거 50ml
+ 설탕 3큰술
+ 토마토 퓨레 통조림 또는 완숙 토마토를 간 것 3큰술
+ 물 300ml
+ 월계수 1장
+ 이탈리아 파슬리 1/4컵
+ 건포도 1/2컵
+ 올리브유 3큰술
+ 소금, 후추

Recipe

밑준비

① 양파는 껍질을 벗기고 살짝 씻는다.

만드는 방법

1. 냄비에 모든 재료와 물을 넣고 끓인다. 끓기 시작하면 약한 불로 줄여 가끔 저어주면서 20분간 조린다.
2. 월계수를 건져내고 소금과 후추로 간을 한 후 상온에서 식힌다. 먹기 전에 기호에 따라 올리브유를 뿌린다.

프랑스
니스와즈 샐러드

요리교실에서 자주 만드는 샐러드예요. 니스 해변이 있는 프랑스의
프로방스 지방은 요리에 마늘을 많이 사용하는데, 현지의 니스풍 샐러드는
마늘을 문질러 마늘의 향이 밴 나무 볼에 신선한 채소, 돌돌 만 앤초비나
겉만 살짝 구운 지중해 참치, 삶은 달걀과 오이, 토마토 등을 넣어 만들어요.
다른 나라에서는 이 샐러드에 감자를 넣기도 해요.
여기에서는 전통적인 니스풍 샐러드를 소개합니다.

니스와즈 샐러드

Ingredients * 4인분

+ 여러 가지 쌈 채소 15장 정도
+ 아스파라거스 10개
+ 오이 1개
+ 토마토 4개
+ 앤초비 6조각 정도
+ 참치캔 작은 것 1캔
+ 삶은 달걀 4개
+ 블랙 올리브 10개 정도

> 드레싱 재료
  - 마늘 2쪽
  - 화이트 와인 비네거 2큰술
  - 올리브유 5큰술
  - 소금 1/2작은술
  - 후추

Recipe

밑준비

① 아스파라거스는 뿌리 부분을 3cm 정도 잘라내고 껍질을 벗겨 끓는 물에 소금을 한 줌 넣고 2분간 데친 후 채에 받쳐 식힌다.

② 냄비에 달걀과 물, 소금 한 줌을 넣어 한소끔 끓으면 7분간 더 삶는다. 삶은 후에는 찬물에 헹궈 껍질을 벗긴 후 먹기 좋게 자른다.

③ 토마토는 꼭지를 떼고 먹기 좋게 자른다.

④ 오이는 필러를 이용해 줄무늬 모양으로 껍질을 벗겨 5mm 폭으로 동그랗게 자른다.

⑤ 채소는 잘 씻어 물기를 뺀다.

만드는 방법

1 볼에 드레싱 재료를 넣고 잘 섞는다.

2 나무로 된 샐러드 볼 안쪽에 마늘을 자른 단면을 문질러 향이 배게 한 후, 샐러드 채소를 손으로 뜯어 넣는다.

3 (2)에 쌈 채소, 오이, 아스파라거스, 토마토, 올리브, 손으로 뜯은 앤초비, 참치캔을 넣고 드레싱을 뿌려 쓱쓱 버무린다. 달걀을 올리고 후추를 뿌린다.

프랑스 · 스페인

오븐에 구운
파프리카, 양파, 마늘, 방울토마토, 애호박에
발사믹 드레싱을 얹은 샐러드

요리교실을 시작할 때부터 니스풍 샐러드와 더불어 꾸준히 인기를 끈
베스트 샐러드 중 하나예요. 지중해의 새파란 하늘을 상상하면서 빨강,
초록, 보라, 갈색, 노란색, 흰색 등 여러 가지 색과 단단함, 부드러움의 조화를
떠올리며 깨끗이 씻은 채소를 대충대충 잘라 오븐 팬에 얹어 소금, 후추,
올리브유를 뿌려서 굽지요.
손님상에 낼 때는 채소 사이사이에 소시지나 양념을 바른 돼지고기 립을
놓고 함께 구우면, 모두들 탄성을 내지를 거예요. 오븐에서 꺼내 그릇에
담자마자 바로 드레싱을 뿌리는 것, 잊지 마세요.

Ingredients * 4인분

+ 여러 가지 색깔의 파프리카 2개
+ 단호박 1/4개
+ 붉은 양파 2개
+ 방울토마토 20개
+ 가지 1개
+ 감자 2개
+ 애호박이나 주키니 호박 1/2개
+ 마늘 2~3개
+ 올리브유 3큰술
+ 소금, 후추
+ 로즈마리 혹은 타임 잎 약간

> 드레싱 재료
  - 레몬즙 2큰술
  - 케이퍼 3큰술
  - 메이플 시럽 1/2큰술
  - 디종 머스터드 1/2큰술
  - 올리브유 6큰술

Recipe

밑준비

① 파프리카는 반으로 잘라 꼭지와 씨를 빼고 3등분한다. 단호박은 껍질을 벗기지 않고 씨만 제거해 1cm 폭으로 얇게 썬다.

② 가지는 꼭지를 떼고 1.5cm 두께로 어슷썰기 한다. 감자는 껍질을 벗기고 1cm 폭으로 둥글게 썬다.

③ 애호박이나 주키니 호박도 1cm 폭으로 둥글면서도 얇게 썬다.

④ 마늘은 먼지가 묻은 바깥 껍질을 벗겨 납작하게 반으로 자른다. 양파는 반으로 잘라 1cm 폭으로 얇게 썬다.

⑤ 방울토마토는 꼭지를 떼어내고 세로로 자른다.

만드는 방법

1 볼에 채소를 넣고 올리브유와 소금, 후추, 로즈마리 또는 타임을 더해 잘 섞는다.
2 오븐은 190도로 예열한다.
3 오븐 팬에 베이킹 시트를 깔고 (1)을 올려 오븐에서 15~20분 굽는다.
4 볼에 드레싱 재료를 넣고 잘 섞는다.
5 오븐에서 꺼낸 채소를 그릇에 예쁘게 잘 얹고, 식기 전에 드레싱을 뿌린다.

Tip 1
"오븐에 따라 구워지는 정도가 다르므로 15분 정도 지나면 채소가 타지 않는지 체크하세요."

Tip 2
"바로 먹는 것 보다 30분 이상 식힌 후 먹으면 더욱 별미예요."

오븐에 구운 파프리카, 양파, 마늘, 방울토마토, 애호박에 발사믹 드레싱을 얹은 샐러드

제2장 여름 * 093

이탈리아
판짜넬라

앞에서 '정통 니스풍 샐러드'를 만들어보았다면 그 다음은 이탈리아의
정통적인 판짜넬라 차례예요. 이탈리아의 토마토와 한국의 토마토 맛이
다르기 때문에 정통적인 조리법으로 만들어도 이탈리아 여행에서 느꼈던
그 맛을 재현할 수 없을지도 몰라요.
스페인에도 이와 비슷한 것이 있어요. 바르셀로나에서 살 때 어느 집을
가든지 부엌의 벽에 걸려 있는 면 주머니에 전날 먹다남은 바게트가 들어
있었어요. 얼마나 단단한지 주먹으로 치면 꽤 아팠지요. 이 샐러드를 만들다
보면 먹고 남은 바게트마저도 훌륭한 샐러드로 재탄생시키는 지중해
사람들의 재치에 절로 감탄이 나올 거예요.

Ingredients * 4~6인분

+ 바게트 또는 치아 버터 1개
+ 파프리카 붉은색, 노란색 각 2개
+ 앤초비 6조각 정도
+ 케이퍼 3큰술
+ 바질 잎 3~4장
+ 블랙 올리브 1/2컵
+ 올리브유 50ml
+ 소금, 후추

> 드레싱 재료
- 토마토 400g
- 마늘 4쪽
- 레드 와인 비네거 3큰술
- 올리브유 6큰술

Recipe

밑준비
① 바게트는 2cm 크기로 네모나게 잘라 볼에 넣고 올리브유 50ml를 더해 섞어둔다.
② 앤초비와 마늘은 잘게 다진다.
③ 토마토는 반으로 잘라 숟가락으로 속을 파내 씨만 걸러낸다. 토마토즙은 볼에 넣는다. 씨와 즙을 뺀 토마토는 6등분한다.
④ 파프리카는 반으로 잘라 씨를 뺀 후 먹기 좋게 자른다.

만드는 방법
1 오븐을 200도로 예열한다.
2 바게트를 오븐 팬에 얹고 갈색이 될 때까지 5~8분간 굽는다(또는 프라이팬에서 타지 않게 중간 불로 바삭하게 볶는다).
3 그릴 팬에 파프리카를 얹고 살짝 겉이 탈 때까지 굽는다. 대략 8~10분 정도 걸린다. 그릴이 없다면 석쇠에다 파프리카를 굴리면서 표면이 탈 때까지 굽는다. 파프리카가 식으면 손으로 탄 부분을 벗긴다.
4 토마토즙이 담긴 볼에 마늘, 레드 와인 비네거, 올리브유를 넣고 소금과 후추로 간을 하면서 잘 섞는다.
5 샐러드 그릇에 파프리카, 토마토, 바게트에 앤초비, 케이퍼, 올리브를 잘 버무려 (4)의 드레싱을 뿌린다. 바게트에 드레싱이 스며들 때까지 30분간 이상 냉장고에서 재운다.

이탈리아
관자 카르파초와
토마토 마리네이드 샐러드

레몬 맛이 나는 관자에 셀러리를 듬뿍 얹은 초여름 샐러드예요.
셀러리의 아삭아삭한 식감과 관자의 부드러운 살이 연주하는 매력에 푹
빠져버릴지도 몰라요.
이 샐러드는 식감이 중요하기 때문에 관자를 잘 데치는 것이 제일
중요해요. 그러므로 관자를 데칠 때는 냄비 옆에 꼭 붙어 있어야 해요.
해산물이 풍부한 시칠리아 섬의 대표적인 샐러드로 짜릿할 정도로 차가운
이탈리아 화이트 와인과 아주 잘 어울려요.

Ingredients * 4인분

- 관자 6개
- 붉은 양파 1/2개
- 토마토 1개
- 셀러리 1개
- 레몬 1개
- 화이트 와인
- 바질 잎 4~5장
- 이탈리아 파슬리 적당량
- 소금

> 드레싱 재료
- 레드 와인 비네거 2큰술
- 오레가노 말린 것
- 올리브유 4~6큰술
- 소금, 후추

Recipe

밑준비

① 냄비에 관자가 잠길 정도로 물을 붓고 소금 한 줌, 화이트 와인 2큰술, 레몬즙과 껍질(준비한 분량의 반)을 넣어 관자를 살짝 삶는다. 관자가 익으면 바로 찬물로 헹궈 물기를 뺀 뒤 1cm 크기로 깍둑썰기한다.

② 양파와 셀러리는 1cm 크기로 깍둑썰기하여 물에 살짝 담갔다가 물기를 뺀다.

③ 토마토는 꼭지를 떼고 1cm 크기로 깍둑썰기하여 채에 받쳐 물기를 뺀다.

만드는 방법

1 관자, 양파, 셀러리, 토마토를 볼에 넣고 버무린다.

2 다른 볼에 드레싱 재료를 넣고 잘 섞는다. 잘게 다진 바질을 더하고 소금과 후추로 간을 한다.

3 (1)에 (2)의 드레싱을 뿌려 버무린 다음, 그릇에 담고, 남은 레몬을 잘라 파슬리와 함께 장식한다.

이탈리아

로스트 주키니와 피스타치오 샐러드

나물과 아스파라거스가 채소가게에 가지런히 진열된 것을 보면 '정말 여름이 왔구나'하고 생각해요.
여름에 스페인이나 이탈리아의 시골에 가보면 주키니 호박밭에 오렌지색 꽃이 피어 있어요. 이탈리아에서는 호박꽃을 요리에 이용하는데 호박꽃에 리코타 치즈를 끼워 먹거나 브리또Fritto라는 튀김으로 만들어 먹어요.
주키니 호박 대신 애호박이나 여름에만 나오는 조선호박을 구워 바질이나 파르메산 치즈로 마무리해도 좋아요.

Ingredients * 4인분

+ 애호박 2개 또는 주키니 호박 1개
+ 피스타치오 1/3컵
+ 바질 잎과 새싹채소를 섞은 것 2컵
+ 파르메산 치즈 적당량
+ 올리브유 3큰술
+ 소금, 후추

> 드레싱 재료
- 레몬즙 1큰술
- 발사믹 식초 1큰술
- 올리브유 3큰술
- 소금, 후추

Recipe

밑준비

① 애호박은 8mm 정도 두께로 잘라 볼에 넣고 올리브유, 소금, 후추를 뿌려 살짝 버무린다. 달군 그릴 팬에 애호박을 올려 강한 불에서 2분간 앞뒤로 뒤집어가며 그릴 자국이 선명하도록 구운 뒤 식힌다.
② 기름을 두르지 않은 프라이팬에 껍질을 벗긴 피스타치오를 고소한 향이 퍼질 때까지 볶다가 잘게 다진다.
③ 바질 잎과 새싹채소는 살짝 씻어 물기를 뺀다.

만드는 방법

1 볼에 드레싱 재료를 넣고 잘 섞는다.
2 그릇에 바질 잎과 새싹채소, 식힌 애호박, 피스타치오를 담고 드레싱을 뿌린다. 파르메산 치즈를 치즈 슬라이서로 얇게 썰어서 뿌린다. 기호에 따라 올리브유를 살짝 뿌린다.

이탈리아
토마토와 고르곤졸라 치즈를 곁들인 렌즈콩 샐러드

이탈리아풍 렌즈콩 샐러드예요. 그리스의 렌즈콩 샐러드처럼
갖가지 향료는 들어가지 않지만 고르곤졸라 치즈를 곁들입니다.
고르곤졸라 치즈의 향을 좋아하지 않는다면 리코타 치즈나
파르메산 치즈로 대신하면 돼요.

Ingredients * 4인분

- 세미 드라이 토마토 2컵
- 렌즈콩 1과 1/3컵
- 붉은 양파 1개
- 레드 와인 비네거 1큰술
- 마늘 1쪽
- 실파 또는 쪽파 3큰술
- 딜 3큰술
- 고르곤졸라 치즈 2/3컵
- 올리브유 3큰술
- 소금 1작은술
- 후추

Recipe

밑준비

① 세미 드라이 토마토를 만든다. 053P 참조
② 렌즈콩은 깨끗하게 씻어 물에 30분간 불린다. 냄비에 렌즈콩과 콩의 1.5배에 달하는 물을 붓고 15분간 삶는다. 렌즈콩이 부드러워지면 채에 받쳐 물기를 뺀다.
③ 붉은 양파는 결 모양과 수직으로 얇게 썬다.
④ 마늘, 실파, 딜은 잘게 다진다.

만드는 방법

1. 볼에 붉은 양파를 넣고 레드 와인 비네거와 소금을 더해 가볍게 섞으면서 양파가 부드러워질 때까지 둔다.
2. 렌즈콩이 따뜻할 때 (1)의 양파의 물기를 짜낸 후 넣고 올리브유, 마늘, 후추를 더해 잘 버무린다.
3. 식으면 잘게 다진 실파와 딜을 넣고 소금으로 간을 한다.
4. 그릇에 담고 세미 드라이 토마토와 손으로 잘게 뜯은 고르곤졸라 치즈로 장식한다. 취향에 따라 올리브유를 살짝 뿌린다.

이탈리아

구운 애호박과
바질이 조화를 이룬 파스타 샐러드

일본의 선술집에 가면 안주로 풋콩이 나오곤 하는데, 한국에서 생활한 지 얼마 안
됐을 때는 풋콩을 찾을 수가 없어서 일본 친정집에 가면 "꼭 먹고 말테야!" 하고
굳은 다짐까지 했던 식재료예요.
다시 서울 집으로 돌아올 때면 풋콩을 사랑하는 사위를 위해 엄마는 삶은 것을
봉지 가득 챙겨주시곤 했지요. 다행히 수년 전부터 그린 빈스의 계절이 끝나갈
무렵, 단골 채소가게에서 풋콩을 취급해서 자주 구입하곤 해요.
여기에서는 풋콩과 레드 와인 비네거에 절인 애호박, 바질이 듬뿍 들어간
소스로 버무린 펜넬 파스타 샐러드를 소개할게요. 이탈리아에서는 누에콩을
사용하는데, 풋콩이든 누에콩이든 그 어느 것도 구하기 힘들다면 완두콩으로
만들어보세요.

Ingredients * 4인분

+ 앤초비 3조각
+ 애호박 2개
+ 풋콩 1컵
+ 레드 와인 비네거 2큰술
+ 올리브유 1/2컵

> 바질 페이스트 재료
  - 바질 잎 2컵
  - 이탈리아 파슬리 1/4컵
  - 올리브유 1/3컵
  - 소금, 후추

> 펜넬 250g
  - 레몬껍질 1개분
  - 케이퍼 1큰술
  - 모차렐라 치즈 1봉지

"파스타 봉지에 적혀 있는 삶는
시간을 확인하세요."

Recipe

밑준비

① 풋콩은 잘 씻어 냄비에 풋콩이 잠길 만큼 물을 붓고 끓이다가 끓어오르면
  소금을 조금 넣어 5분간 삶는다. 다 삶아지면 채에 받쳐 식힌 후 콩깍지에서
  콩을 떼어낸다.

② 냄비에 물을 충분히 붓고 소금을 조금 넣어 끓이다가 펜넬을 넣는다. 냄비의
  표면에 부글부글 거품이 생기면 냄비 속에서 파스타가 흔들거릴 정도의 불
  세기에서 삶다 다 삶아지면 채에 받쳐 찬물로 행군 뒤 물기를 뺀다.

③ 애호박은 1cm 폭으로 얇게 썬다. 프라이팬에 올리브유를 두르고 애호박을
  볶다가 다진 앤초비를 더해 갈색이 될 때까지 볶는다. 볼에 옮겨 레드 와인
  비네거와 소금을 넣고 재운다.

④ 레몬 껍질은 강판으로 간다.

만드는 방법

1 용기에 바질 페이스트 재료를 넣고 핸드블렌더로 짙은 초록색의 페이스트
   상태가 될 때까지 간다.

2 애호박이 담긴 볼에 펜넬을 넣는다. 여기에 풋콩, 레몬껍질, 케이퍼, 모차렐라
   치즈, (1)의 바질 페이스트를 더하고, 소금과 후추로 간을 하면서 버무린다.

3 취향에 따라 바질 잎으로 마무리 장식한다.

그리스
오이와
요구르트 드레싱을 곁들인
매운 렌즈콩 샐러드

요구르트 드레싱은 그리스의 대표적인 고기 요리인 수블라키에
곁들이는 차지키와 비슷한 소스예요. 오이와 요구르트의 궁합이 정말
좋아요. 한국에서는 보기 드문 렌즈콩과 여러 가지 향료를 사용하기
때문에 고수와 각종 향료의 향에 약한 사람은 좋아하지 않을 수 있어요.

Ingredients * 4인분

+ 렌즈콩 1컵
+ 토마토 2개
+ 물 1과 1/2컵
+ 머스터드의 씨 1작은술
+ 고수 파우더 1작은술
+ 쿠민 파우더 1작은술
+ 터머릭(강황) 파우더 1/2작은술
+ 고춧가루 1/2작은술
+ 월계수 2장
+ 올리브유 4큰술
+ 설탕 2작은술
+ 소금

> 요구르트 소스 재료
  - 그리스 요구르트 1컵
    (플레인 요구르트 2/3컵 +
    상온에 두어 부드러워진 크림치즈 1/3컵)
  - 오이 1/2개
  - 올리브유 2큰술
  - 라임즙 또는 레몬즙 2큰술
  - 소금

> 페이스트 재료
  - 고수 6줄기
  - 양파 작은 것 1개
  - 생강 5cm 크기
  - 풋고추 1개

Recipe

밑준비

① 렌즈콩은 깨끗이 씻어 분량의 물에 30분간 불린다.
② 페이스트를 만든다. 고수의 뿌리 부분은 잘라내고, 줄기와 잎을 나눠 굵게 다진다. 푸드 프로세서에 고수 줄기, 대충 썬 양파, 마늘, 생강, 고추를 넣어 페이스트 상태가 될 때까지 간다.
③ 토마토는 2cm 크기로 자른다.

만드는 방법

1. 냄비에 머스터드 씨를 넣고 중간 불에서 볶는다. 타닥타닥 소리가 나면 올리브유와 준비해둔 페이스트를 더해 약한 불로 10분간 볶는다. 고수 파우더, 쿠민 파우더, 터머릭, 고춧가루, 월계수를 더해 잘 저어주면서 5분간 더 볶는다.
2. (1)에 렌즈콩과 렌즈콩 불린 물, 토마토, 설탕, 소금을 더해 뚜껑을 덮고 약한 불에 20분간 익힌다.
3. 볼에 요구르트 소스 재료를 넣고 잘 섞는다.
4. (2)의 냄비에 라임즙을 넣고 소금으로 간을 한다. 그릇에 담고 (3)의 요구르트 소스를 뿌려 잎으로 장식한다.

모로코
요구르트 드레싱을 곁들인
매콤한 가지 샐러드

토마토 다음으로 여름을 대표하는 채소로는 가지를 꼽을 수 있어요. 일본에도
산적, 튀긴 가지 조림, 가지 고기 말이, 가지 겉절이 등 가지를 주재료로 한 요리가
많지만 지중해 스타일로 가지를 구워 먹는 것을 더 좋아해요.
이 레시피는 가지를 프라이팬이나 그릴에다 구워 담백하면서도 깊은 매운맛이
나는 요구르트 소스를 뿌려 먹는 샐러드예요.
석류는 여름이 제철이 아니므로 보리수 열매나 말린 체리, 블루베리를 소스 위에
올리는 건 어떨까요?

Ingredients * 4인분

+ 가지 4개
+ 타임 2~3줄기
+ 말린 타임 1/2작은술
+ 석류 또는 붉은색 열매 1/2개
+ 올리브유 3큰술
+ 소금, 후추

> 드레싱 재료
- 그리스 요구르트 1컵 (또는 플레인 요구르트 2/3컵+ 부드러운 크림치즈 1/3컵)
- 마늘 1작은술
- 레몬즙 1큰술
- 꿀 1큰술
- 칠리페퍼 또는 곱게 간 고춧가루 1/3작은술
- 올리브유 2큰술
- 소금 1/2작은술

Recipe

밑준비
① 가지는 꼭지를 떼어내고 길게 3등분으로 잘라 단면에 살짝 칼집을 넣는다.
② 큰 볼을 준비해 석류의 열매를 손 또는 스푼으로 빼낸다.

만드는 방법
1 가지에 올리브유를 바르고 소금과 후추를 뿌려 프라이팬에 강한 불로 구운 후 식힌다.
2 드레싱 재료를 볼에 넣고 잘 섞는다.
3 접시에 가지를 가지런히 올리고 드레싱을 뿌린다. 그 위에 석류 열매를 얹고 말린 타임 가루를 뿌린다.

"가지는 수분이 많기 때문에 강한불로 살짝 구워야 수분이
빠지지 않아요."

요구르트 드레싱을
곁들인
매콤한 가지 샐러드

제2장 여름 * 109

모로코

오크라, 토마토,
레몬, 고수 잎이 어우러진 샐러드

서울 연남동에는 오크라 꼬치구이가 일품인 선술집이 하나 있어요.
한국인을 꼭 닮은 일본 청년이 숯을 피운 화로 앞에서 닭 꼬치와 채소 꼬치를
굽고 있지요. 한국에서는 오크라를 식재료로 사용하지 않아 이태원에 있는 외국
식재료 상점이나 가락시장에 가지 않으면 구하기가 어려워요.
여기에서는 여러 가지 향료를 넣은 모로코풍 오크라 샐러드를 만들어보았어요.

Ingredients * 4인분

+ 오크라 200g
+ 빨간색 파프리카 2개
+ 홍고추 1개
+ 이탈리아 파슬리 1컵
+ 토마토 2개
+ 물 1컵
+ 고수 잎 1컵
+ 파프리카 파우더 1작은술
+ 레몬껍질 2큰술
+ 레몬즙 2큰술
+ 블랙 올리브 30개
+ 민트 잎 1큰술
+ 설탕 2작은술
+ 소금

> 토마토 소스 재료
  - 양파 1개
  - 고수 씨 2큰술
  - 올리브유 4큰술

Recipe

밑준비

① 오크라는 꼭지를 칼로 떼어낸다.
② 파프리카는 1cm 폭으로 자르고, 홍고추는 잘게 다진다.
③ 토마토는 적당한 크기로 자르고, 양파는 결대로 얇게 썬다.
④ 고수 잎과 민트 잎은 잘게 자른다.

만드는 방법

1 토마토 소스를 만든다. 냄비에 올리브유 2큰술을 두르고 고수 씨와 양파를 볶는다. 양파가 타지 않도록 약한 불에서 10분간 볶는다.

2 (1)에 파프리카와 홍고추, 파슬리, 고수 잎(준비한 분량의 1/2)을 넣어 5분간 더 볶는다.

3 (2)에 토마토, 물, 파프리카 파우더, 설탕, 소금을 더해 뚜껑을 덮고 약한 불에서 5분간 익힌다. 그런 다음 뚜껑을 연 상태로 3분간 끓여 수분을 없앤다.

4 토마토 소스가 만들어지는 동안, 볼에 밑준비한 오크라와 남은 올리브유 2큰술, 소금을 넣어 버무린다. 프라이팬을 달궈 강한 불에서 오크라의 표면이 노릇노릇 엷은 갈색이 될 때까지 굽는다.

5 토마토 소스에 (4)의 오크라와 레몬껍질, 올리브, 남은 고수 잎, 민트 잎을 넣어 가볍게 버무린다.

6 소금으로 간을 하고, 그릇에 담을 때 레몬즙을 뿌린다. 취향에 따라 올리브유를 더한다.

수박과 페타 치즈 샐러드

요즘에는 전통시장에만 가도 수박을 반으로 쪼개서 파는 것을 쉽게 볼 수 있어요. 하지만 한국인들은 여전히 "수박은 한 통씩 사야 해. 쪼개서 파는 것은 더 비싸"라는 고정관념이 있는 것 같아요. 한 통을 구입하더라도 바쁜 식구들은 수박을 먹을 시간조차 없어 그냥 지나치기 일쑤고, 그 탓에 냉장고가 좁아져서 골치지요. 그때 이 레시피대로 샐러드를 만들어보세요. 남은 수박을 처리하는 데 수박 샤벳도 좋지만, 페타 치즈와 바질을 듬뿍 곁들인 수박 샐러드도 매력적이랍니다.
샴페인이나 화이트 와인을 위한 안주로도 훌륭해요

Ingredients * 4인분

+ 페타 치즈 1컵
+ 수박 1/6개
+ 바질 잎 1컵
+ 붉은 양파 1/2개
+ 올리브유 적당량
+ 후추

Recipe

밑준비
① 수박은 6등분하여 삼각형 모양으로 얇게 자른다.
② 양파는 결 모양과 수직으로 잘라 찬물에 5분 정도 담근 후, 물기를 뺀다.

만드는 방법
1 그릇에 밑준비한 수박을 놓고 페타 치즈를 손으로 풀듯이 얹는다.
2 물기를 뺀 양파와 바질 잎을 얹고 올리브유를 충분히 뿌린다.

디종 머스터드 드레싱을 곁들인
양상추 샐러드

전 세계 사람들이 흔히 즐기는 양상추를 사용한 샐러드예요. 보통 헤이즐넛을 뿌리지만 호두 같은 견과류로 대신해도 좋아요. 드레싱은 조금 귀찮더라도 디종 머스터드를 구해서 만들어보세요. 디종 머스터드는 소시지 등에 찍어먹는 색이 노란 머스터드와는 조금 달라요. 프랑스 디종 지방의 전통적인 제조법으로 만든 순하고 부드러운 머스터드로, 노란색 겨자와 검은색 겨자를 혼합해서 매운맛이 나게 하고 효소의 움직임을 억제하는 와인 비네거를 더해 반죽해요.
평소 요리에 사용하는 겨자 소스와 달리 매운맛이 없어서 프랑스를 비롯한 유럽에서는 소스에 섞어서 사용하는 경우도 많아요.

Ingredients * 4인분

+ 양상추 1/3개
+ 다진 헤이즐넛 또는 호두나 아몬드 3큰술

> 드레싱 1 재료
- 화이트 와인 비네거 1큰술
- 올리브유 3큰술
- 소금

> 드레싱 2 재료
- 생크림 4큰술
- 디종 머스터드 1큰술

Recipe

밑준비

① 양상추는 겉껍질을 떼어내고 찬물에 담갔다가 건져내 모양이 흐트러지지 않게 큼직하게 썰어둔다.

만드는 방법

1 **드레싱 1**의 재료를 섞는다.
2 접시에 반으로 자른 양상추를 놓고 그 위에 (1)의 드레싱을 뿌려 1시간 정도 재운다.
3 **드레싱 2**의 재료를 섞어 먹기 직전까지 냉장고에 둔다.
4 재워둔 (2)의 양상추를 단면이 위로 오게 담고 (2)의 드레싱을 뿌린다. 마지막으로 잘 다진 헤이즐넛을 뿌린다.

서리태와 파프리카, 오이의 마리네이드 샐러드

콩을 사용한 샐러드로, 덮밥이라던가 튀김이 있는 일본 요리와도 잘
어울려요. 지중해 연안 지방의 여름 요리에 자주 사용되는 누에콩이 잘
어울리지만, 한국에서는 누에콩을 본 적이 없어서 서리태로 만들어봤어요.
서리태가 너무 익지 않도록 주의하세요.

Ingredients * 4인분

+ 서리태 1컵
+ 오이 1/2개
+ 셀러리 1개
+ 파프리카 노란색과 오렌지색 각 1/2개
+ 바질 잎 4~5장
+ 소금 적당량

> 드레싱 재료
  - 레몬즙 2큰술
  - 감식초 또는 매실 식초나 효소류 1작은술
  - 올리브유 6큰술
  - 소금, 후추

Recipe

밑준비

① 서리태는 2번 정도 씻어 물기를 뺀 뒤, 콩의 1.5배의 물에 반나절 이상
   불린다. 냄비에 콩의 3배에 달하는 물을 넣고 15분간 삶는다.
   손가락으로 콩을 만져보아 탱탱하게 불었으면 건져내 물기를 빼낸다.

② 오이, 파프리카, 셀러리, 양파는 2cm 크기로 깍둑썰기한다. 볼에 채소를 넣고
   소금을 뿌려 잘 섞어 10분간 재운다. 채소에서 나온 물은 버린다.

③ 바질은 채를 썬다.

만드는 방법

1 볼에 드레싱 재료를 넣고 잘 섞는다.
2 그릇에 서리태와 미리 재워둔 오이, 파프리카, 양파를 넣고 드레싱을 뿌려 잘
   버무린다. 냉장고에 차게 뒀다가 먹기 직전에 바질과 올리브유를 뿌린다.

쿠스쿠스와 알록달록한 토마토 샐러드
'토마토 파티'

요리교실 수업에서 '토마토 파티'를 만들면, 그릇에 담기 전까지 모두들 과연 어떤 샐러드가 만들어질까 하고 신기한 표정을 짓곤 해요. 마침내 샐러드가 완성되면 "어머, 갖가지 토마토가 들어가서 토마토 파티로군요!" 하며 조금은 실망의 빛을 내비치지요. 그러나 하나하나 정성스레 다듬은 토마토에 드레싱을 뿌려 입에 넣는 순간 바삭바삭한 쿠스쿠스와 세미 드라이 토마토, 당도 높은 신선한 토마토가 어우러져 미각을 자극하는 풍미는 또 다른 반전이랍니다.
요즘에는 인터넷으로도 쿠스쿠스를 구입할 수 있으니 쿠스쿠스와 함께 '토마토 파티'를 열어보세요. 쿠스쿠스 대신 보리나 퀴노아, 녹두로 만들어도 돼요.

Ingredients * 4인분

+ 쿠스쿠스 3/4컵+소금, 올리브유, 끓인 물 2/3컵
+ 세미 드라이 토마토 2컵
+ 오렌지색, 노란색 대추토마토 3컵
+ 오레가노 잎, 민트 잎 (또는 말린 것) 1/2컵

> 드레싱 재료
  - 마늘 1쪽
  - 레몬즙 2큰술
  - 올리브유 4큰술
  - 소금, 후추

Recipe

밑준비

① 대추토마토는 세로로 자른다.
② 쿠스쿠스는 소금을 넣고 끓인 물을 부어 뚜껑을 닫고 10분간 뜸을 들인다. 120P 참조
③ 세미 드라이 토마토를 만든다. 053P 참조

만드는 방법

1. 볼에 드레싱 재료를 넣고 골고루 섞는다.
2. 샐러드 볼에 쿠스쿠스, 허브, 세미 드라이 토마토, 대추토마토를 넣고 드레싱과 허브를 뿌려 버무리면 완성!

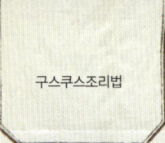

구스쿠스조리법

제2장 여름 · 121

마늘과 생강 드레싱을 곁들인
오이 샐러드

겨울에 태어난 나는 매년 여름 더위를 타서 식욕도 없고 차가운 것만
찾다가 결국 배탈이 나는 악순환을 반복하지요. 그때마다 어린 시절
어머니가 만들어준 '맛소금을 뿌린 토마토'와 이 샐러드를 찾아요.
이 레시피는 마늘 향이 그득한 지중해 스타일에 가까워요.

Ingredients * 4인분

+ 붉은 양파 1개
+ 생강 1개(엄지 손가락 크기)
+ 마늘 2쪽
+ 백오이 3개
+ 볶은 흰깨 1큰술
+ 고수 잎 3큰술
+ 왕소금 1작은술

> 드레싱 재료
  - 감식초 또는 매실 식초 3큰술
  - 올리브유 2큰술
  - 참기름 2작은술
  - 설탕 2작은술

Recipe

밑준비

① 붉은 양파는 결 모양과 반대로 얇게 썰어 볼에 넣고 냉장고에 1시간 정도 재운다.

② 절구에 굵게 다진 생강과 소금을 넣고 으깬다. 여기에 잘게 다진 마늘을 더해 향이 날 때까지 빻는다. 절구 대신 핸드블렌더나 푸드 프로세서를 사용해도 된다.

③ 오이는 5mm 폭으로 어슷썰기 한다.

만드는 방법

1 양파를 재운 볼에 생강과 마늘 빻은 것을 넣는다. 여기에 오이, 볶은 깨, 고수 잎을 넣고 가볍게 버무려 10분간 재운다.

2 드레싱 볼에 드레싱 재료를 넣고 잘 섞는다.

3 (1)에 드레싱을 뿌려 잘 버무린다.

아보카도, 퀴노아, 풋콩 샐러드

고대부터 '곡물의 어머니'라고 불렸던 퀴노아Quinoa는 페루의 티티카카Titicaca 호수 주변이 원산지로, 페루와 볼리비아에서 생산되고 있어요. 영양가가 높고 아미노산의 균형이 우수해서 유럽과 일본 등지에서 건강식품으로 주목받고 있지요.
여기에서는 여름이 제철인 완두콩과 아보카도를 주재료로 하고 드레싱에 향료를 섞어 지중해의 이국적인 맛을 내보았어요.
퀴노아를 구하기가 힘들다면 차조와 수수를 섞어 만들어보세요.

Ingredients * 4인분

+ 퀴노아 1컵 (또는 노란 차조 1/2컵+수수 1/2컵)
+ 풋콩 3컵
+ 레몬 2개
+ 아보카도 2개
+ 마늘 2쪽
+ 래디시 또는 총각무 4개
+ 새싹채소 2컵

> 드레싱 재료
  - 쿠민 파우더 1큰술
  - 고춧가루 1/3작은술
  - 올리브유 1/2컵
  - 소금, 후추

Recipe

밑준비

① 퀴노아는 깨끗하게 씻어 냄비에 충분한 양의 물을 붓고 끓어오르면 10분간 익힌다. 다 익으면 채에 받쳐 찬물에 헹군 다음 물기를 뺀다.

② 풋콩은 깨끗이 씻은 후 냄비에 풋콩이 잠길 만큼 물을 붓고 끓어오르면 소금을 조금 넣어 5분간 삶는다. 다 삶아지면 채에 받쳐 식힌 후 콩깍지에서 콩을 떼어낸다.

③ 레몬은 양끝을 잘라 내고 칼로 껍질을 벗긴다. 속껍질 옆으로 얇게 칼집을 내어 알맹이만 발라낸다. 이때 레몬즙이 흐르므로 볼을 받치고 한다. 볼에 레몬을 넣어둔다.

④ 아보카도는 씨가 있는 부분까지 칼집을 낸 후, 손으로 아보카도를 양쪽을 잡고 비틀어서 벌린다. 한쪽 면에 붙어 있는 씨를 칼로 또는 숟가락으로 빼내고 1cm 폭으로 얇게 썬다. 126P 참조

⑤ 마늘은 잘게 다진다. 래시디는 얇게 썰어 레몬즙을 뿌려 놓는다.

만드는 방법

1 레몬을 넣어둔 볼에 아보카도와 퀴노아를 넣는다. 여기에 풋콩, 다진 마늘, 래디시, 새싹채소(준비한 분량의 1/2), 쿠민 파우더, 고춧가루, 올리브유, 소금, 후추를 넣고 아보카도가 으스러지지 않도록 가볍게 버무린다.

2 그릇에 담고 남은 새싹채소로 장식한다.

아보카도 다듬기

루콜라와 리코타 치즈가 어우러진 건자두 샐러드

한국에서는 추석이 지나면 기온이 급격히 내려가기 때문에 더는 루콜라나 바질이 자라지 않아요. 날씨가 스산해지기 전에 서둘러 수확해서 샐러드로 만들거나, 파스타를 만들어 곁들이거나, 지인들에게 나눠주곤 하지요.
이 레시피에는 평소보다 루콜라를 많이 넣었어요. 올리브유는 단맛이 나는 것을 사용하세요.

Ingredients * 4인분

+ 아몬드 2큰술
+ 건자두 8개
+ 루콜라 두 줌
+ 새싹채소 2컵
+ 리코타 치즈 적당히

> 드레싱 재료
- 레몬즙 1큰술
- 꿀 1작은술
- 올리브유 3큰술
- 소금, 후추

Recipe

밑준비
① 아몬드는 프라이팬에서 타지 않을 정도로 볶아 식힌 후 잘게 다진다.
② 루콜라와 새싹채소는 살짝 씻어 물기를 뺀다.
③ 리코타 치즈를 만든다. 130P 참조

만드는 방법
1 볼에 드레싱 재료를 넣고 잘 섞는다.
2 치즈는 나이프로 자르지 않고 스푼으로 자연스럽게 나눈다.
3 넓은 샐러드용 접시에 루콜라와 새싹채소를 얹고 건자두와 치즈로 장식한다.
4 (3)에 드레싱을 두르고 아몬드를 뿌린다.

리코타 치즈가 만들기

> **리코타 치즈 100g 재료**
> - 레몬즙 1개
> - 우유 1L
> - 생크림 400ml
> - 꿀 적당히

리코타 치즈 만들기

1 냄비에 꿀을 제외한 모든 재료를 넣고 중불에서 서서히 끓인다.
2 우유가 응고되기 시작하면 나무주걱으로 가끔씩 젓는다. 너무 자주 저으면 응고되지 않을 수도 있다.
3 나무주걱에 붙을 정도로 응고되면 불을 끈다.
4 볼에 거즈를 대고 거른다.

Tip
"오렌지껍질을 조금 넣고 끓이면 향이 더 좋아요!"

가을
Autumn

스페인

구운 파프리카 샐러드

구운 파프리카를 절여서 만들기 때문에 시간이 지날수록 드레싱이 파프리카에 배어 깊은 맛을 느낄 수 있어요. 1주일 정도 냉장보관이 가능하기 때문에 파티나 집들이처럼 손님을 초대할 때 미리 만들어두면 참 편해요.

Ingredients * 4인분

+ 빨간 파프리카 6개
+ 마늘 2쪽
+ 양파 1/2개
+ 이탈리아 파슬리 적당량

> 드레싱 재료
- 셰리Sherry 비네거
  또는 레드 와인 비네거 2큰술
- 올리브유 6큰술
- 소금, 후추

Recipe

밑준비

① 깨끗이 씻은 파프리카를 오븐의 그릴 또는 석쇠로 노릇노릇하게 그을린다. 파프리카에 그을림이 생기고 물기가 생기면 살짝 식혀서 비닐봉투에 10분간 넣어둔다. 파프리카에서 수분이 나오면 비닐봉투에서 꺼내어 키친타월로 바깥 껍질을 말끔하게 벗기고 씨를 제거한 후 물기를 뺀다. 파프리카에서 흘러나온 즙은 그릇에 모아둔다. 136P 참조

② 마늘과 양파는 잘게 다진다.

만드는 방법

1 볼에 드레싱 재료를 넣고 잘 섞는다.
2 샐러드 볼에 파프리카를 먹기 좋게 손으로 뜯어 넣고 미리 모아둔 파프리카즙, 드레싱, 마늘과 양파를 더해 버무려 6시간 정도 냉장고에서 재운다.
3 그릇에 담아 파슬리로 장식한다.

파프리카 구워서
껍질 벗기기

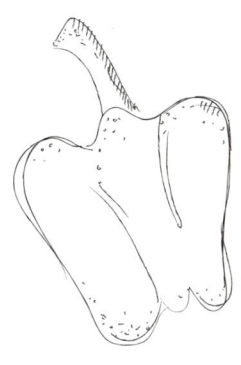

제3장 가을 * 137

스페인
앤초비 소스를 곁들인
구운 양송이 샐러드

스페인의 내륙지방은 지중해 연안 지역과 달리 가을이 되면 버섯을 채취하는
즐거움이 있어요. 바르셀로나에서 살 때 일 년 내내 해변에서 해산물 요리를 맛보고
신선한 생선과 조개를 마음껏 사기는 했어도 가을에 야생 버섯볶음 요리를 잘
즐기지 못했어요. 아마도 한국이 구하기가 더 쉬울 거예요.
버섯 1kg은 꽤 양이 많아 보이지만 앤초비 소스의 짠 내와 버섯 향의 아름다운
조화에 마파람에 게눈 감추듯 먹어치울 테니 걱정 마세요!

Ingredients * 4인분 | Recipe

+ 여러 가지 버섯 1kg
+ 앤초비 50g
+ 마늘 2쪽
+ 닭 육수 또는 채소 육수 1컵
+ 이탈리아 파슬리 1컵
+ 올리브유 4큰술
+ 소금, 후추

밑준비
① 버섯은 가급적이면 문질러 씻지 말고 깨끗한 행주나 키친타월, 솔로 먼지를
  닦아내거나 칼로 더러워진 부분만 제거한다.
② 절구나 핸드블렌더용 용기에 앤초비와 마늘을 넣고 페이스트 상태로 만든다.

만드는 방법
1 프라이팬에 올리브유를 두르고 버섯을 넣어 중간 불에서 5분간 볶는다.
  버섯이 부들부들 익으면 페이스트와 닭 육수, 소금, 후추를 더해 뚜껑을 덮고
  약한 불에서 10분간 익힌다.
2 불을 끄고 파슬리를 뿌린 다음 뚜껑을 덮고 5분간 그대로 둔다.

프랑스
프로방스풍 가을 샐러드

프로방스의 봄과 여름 샐러드로 지중해의 봄과 여름을 먼저
느껴본 후 가을 샐러드를 만들기를 권합니다.
여기에 사용되는 비트는 동유럽 요리와 우크라이나를 비롯한
러시아 요리인 '보르시치' 등에 쓰이고, 한국에서는 피클이나
물김치의 붉은색을 내기 위해 쓰여요.
비타민C를 많이 함유한 비트가 좀 더 다양한 요리로 변신할 수
있지 않을까 고민 하면서 이 레시피를 만들었어요.
비트에 어울리는 단감이나 단호박같이 달콤한 채소와 과일을
곁들여 블루 치즈로 포인트를 주었어요.

Ingredients * 4인분

+ 비트 1개
+ 감 1개
+ 단호박 1/4개
+ 블루 치즈 또는 고르곤졸라 치즈 1/2컵
+ 호두 1/2컵
+ 새싹채소 한 줌

> 드레싱 재료
  - 화이트 와인 비네거 3큰술
  - 올리브유 6큰술
  - 발사믹 식초 적당량
  - 소금, 후추

Recipe

밑준비

① 비트는 소금 조금, 식초를 넣은 물에 20~30분간 삶는다. 다 삶아지면 식힌 후 껍질을 벗겨 세로로 하여 반으로 가르고 1cm 폭으로 얇게 썬다.
② 감은 껍질을 벗겨 반으로 갈라 씨를 꺼내고 5mm 폭으로 썬다.
③ 단호박은 4등분하고 껍질째 1cm 폭으로 자른다. 베이킹 시트를 깐 오븐 팬에 단호박을 올리고 소금 조금, 올리브유(분량 외)를 뿌려 190도로 예열한 오븐에서 5분간 굽는다.
④ 새싹채소는 가볍게 씻어 갈변된 잎은 떼어내고 물기를 뺀다.
⑤ 호두는 칼로 굵게 다져 살짝 볶는다.

만드는 방법

1 볼에 드레싱 재료를 넣고 잘 섞는다.
2 샐러드를 담는 편평한 그릇에 새싹채소를 깔고 단호박, 비트, 감을 얹어 블루 치즈를 손으로 풀면서 올리고 호두를 뿌린다.
3 (2)에 드레싱을 뿌리고 기호에 따라 발사믹 식초를 살짝 뿌린다.

프랑스
여러 가지 견과류와 로크포르 치즈 드레싱을 곁들인 엔다이브 샐러드

가을이 깊어가면 왠지 그동안 마셨던 짜릿하게 차가운 샴페인이나 화이트 와인 보다도 타닌이 강한 진한 맛의 레드 와인이 마시고 싶어져요.
레드 와인과 함께 몹시 생각나는 것이 바로 로크포르 치즈와 고르곤졸라 치즈예요.
어쩐지 사람의 미각과 계절의 변화는 밀접한 관계가 있는 것 같네요.
이럴 때 제격인 샐러드가 바로 이 레시피예요.
엔다이브를 구하기 힘들다면, 한국 어느 슈퍼에나 있는 쌈 배추를 대신 사용해보세요.

Ingredients * 4인분

+ 엔다이브 또는 쌈 배추 2개
+ 새싹채소 두 줌
+ 호두 1/3컵
+ 잣 1/2컵
+ 버터 1작은술
+ 소금

› 드레싱 재료
  - 로크포르 치즈 또는 고르곤졸라 치즈 1/2컵
  - 사워크림 또는 플레인요구르트 1컵
  - 화이트 와인 비네거 2큰술
  - 올리브유 4큰술
  - 소금, 흰 후추

Recipe

밑준비

① 잣과 호두는 거칠게 다진 후 달군 프라이팬에 버터를 녹여 타지 않도록 프라이팬을 흔들면서 엷은 갈색이 될 때까지 볶는다.

② 엔다이브의 바깥 잎은 버리고 남은 부분을 4등분하여 찬물에 헹구듯이 씻어 물기를 뺀다.

만드는 방법

1 볼에 로크포르 치즈와 사워크림을 넣고 중탕으로 녹이면서 거품기로 부드러워질 때까지 섞다가 흰 후추를 더한다.

2 그릇에 새싹채소를 깔고 그 위에 엔다이브를 얹어 보기 좋게 담아 ⑴의 드레싱을 뿌린다.

3 호두와 잣으로 장식한다.

이탈리아
페코리노 치즈와
구운 파프리카의 마리네이드 샐러드

'페코리노Pecorino'란 '양의 젖'이라는 뜻이에요. 정식 명칭은 '페코리노 로마노Pecorino Romano'로, '로마노Romano'는 본래 지중해 연안 오주Lazio 州의 로마 근교에서 전통적으로 만들어지던 것에서 불린 거예요.
페코리노 치즈는 딱딱하고 짠맛이 강하기 때문에 치즈 강판에 갈거나 잘게 다져서 파스타나 페이스트에 넣어 먹어요. 이와 같이 딱딱한 치즈로는 '이탈리아 치즈의 왕'으로 불리는 파르미지아노 레지아노Parmigiano Reggiano와 '부엌의 남편'으로 불리며 소의 젖을 원료로 한 그라나 파다노Grana Padano가 있어요.
각기 짠맛이나 특성이 다르므로 좋아하는 치즈를 고르세요.

Ingredients * 4인분

+ 파프리카 빨간색과 노란색 각 1개
+ 바질 잎 1컵
+ 미나리 1컵
+ 보라색 새싹채소 1컵
+ 페코리노 치즈 50g
+ 케이퍼 1큰술
+ 올리브유 2큰술
+ 소금

> 드레싱 재료
  - 발사믹 식초 1큰술
  - 물 1큰술
  - 설탕 1작은술
  - 타임 줄기 2개
  - 마늘 2쪽
  - 올리브유 2큰술
  - 소금, 후추

Recipe

밑준비
① 파프리카의 꼭지와 씨를 제거하고 4등분한다.
② 바질, 미나리, 새싹채소는 씻어서 물기를 뺀다. 미나리는 새싹채소와 같은 크기로 자른다.

만드는 방법
1 오븐을 190도로 예열한다.
2 오븐 팬에 베이킹 시트를 깔고 파프리카를 올린다. 올리브유와 소금을 뿌려 10분간 구워 볼에 옮긴 후 식힌다.
3 볼에 드레싱 재료를 모두 넣고 섞는다
4 (3)의 드레싱을 (2)의 볼에 뿌린 후 최소한 1시간 재운다. 냉장고에 하룻밤 재우면 더 맛있다.
5 샐러드 볼에 바질, 미나리, 새싹채소를 넣고 파프리카 절인 것을 즙까지 더한다.
6 페코리노 치즈와 케이퍼를 얹고 마지막에 올리브유를 뿌린다.

이탈리아
무화과, 바질, 파르메산 치즈 샐러드

무화과는 고대 이집트의 벽화에도 포도와 함께 그려져 있고, 구약성서에도 자주 등장하는 역사가 깊은 과일이에요. 아담과 이브가 알몸을 숨기기 위해 사용한 것도 무화과의 잎이었지요.
먼 옛날 아라비아 반도에서 탄생한 무화과는 6000년 전부터 재배되기 시작했다고 하는데, 당시에는 약으로 사용됐다고 해요.
고혈압 예방에 효과가 있고 소화도 잘 되기 때문에 식사 후 디저트로 그만이지요.
무화과는 통통하고 크며, 껍질에 탄력이 있고 생기가 있는 것으로 고르세요.

Ingredients * 4인분

+ 무화과 8개
+ 루콜라 세 줌
+ 바질 잎 1/2컵
+ 새싹채소 1컵
+ 크림치즈 50g

> 드레싱 재료
  - 에샬로트Échalote 또는 작은 양파 1개
  - 디종 머스터드 1/2큰술
  - 감 식초 1큰술
  - 메이플 시럽 2작은술
  - 올리브유 3큰술

Recipe

밑준비
① 루콜라, 바질 잎, 새싹채소는 가볍게 씻어 물기를 빼서 볼에 넣고 버무려둔다.
② 무화과는 껍질째 먹기 좋게 자른다.
③ 크림치즈는 깍둑썰기한다.

만드는 방법
1 볼에 드레싱 재료를 넣고 섞는다.
2 접시에 채소를 깔고 무화과와 크림치즈로 장식해 드레싱을 뿌리면 완성!

그리스
페타 치즈 샐러드

여름 샐러드인 니스풍 샐러드처럼 그리스를 여행하면 반드시 한번은
먹게 되는 대표적인 샐러드예요. 재료의 신선함을 올리브유만으로
간편하게 즐길 수 있어요.

Ingredients * 4인분

+ 버터 레터스 또는 로메인 한 줌
+ 오이 1개
+ 오이고추 4~5개
+ 방울토마토 2컵
+ 붉은 양파 1개
+ 대파 2개
+ 블랙 올리브 1컵
+ 페타 치즈 1컵

> 드레싱 재료
  - 올리브유 90ml
  - 레몬즙 1/2개
  - 딜 잎 적당량
  - 소금, 후추

Recipe

밑준비

① 버터 레터스는 깨끗이 씻어 물기를 뺀다.

② 오이는 필러를 이용해 껍질을 줄무늬 모양으로 벗기고 1cm 폭으로 얇게 썬다.

③ 방울토마토는 꼭지를 떼고 세로로 자른다. 오이고추는 꼭지를 떼어내고 2cm 폭으로 동그랗게 자른다.

④ 양파는 결 방향과 수직으로 얇게 썰고, 대파는 2cm 폭으로 동그랗게 자른다.

만드는 방법

1 볼에 드레싱 재료를 넣고 잘 섞는다.

2 샐러드 볼에 버터 레터스를 먹기 좋게 손으로 뜯어 넣는다. 여기에 오이, 방울토마토, 오이고추, 양파, 대파, 올리브를 더한 후 페타 치즈를 손으로 풀듯이 얹는다.

3 (2)에 (1)의 드레싱을 뿌려 버무린다.

모로코
얼큰한 당근 샐러드

어릴 적에 남동생과 놀고 있으면 엄마가 당근과 오이 스틱을 간식으로 주셨지요. 아직도 신선한 당근을 막대 모양으로 길게 잘라 우적우적 베어 먹는 것을 좋아해요. 아마도 그때 당근에 대한 미각이 형성된 것 같아요.
요즘에는 입맛을 자극하는 먹거리 탓인지 경험이 부족해서인지 당근을 싫어하는 아이들이 꽤 많더군요. 하지만 색감이 산뜻하고 선명한 이 샐러드를 본다면 저절로 손이 가지 않을까요?
모로코 스타일로 갖가지 향신료와 허브를 넣어 볶았기 때문에 생선 또는 고기 요리에 곁들이면 좋아요. 맥주 안주로도 어울려요.

Ingredients * 4인분

+ 당근 1kg
+ 양파 1개
+ 고수 잎 2컵(기호에 따라)
+ 플레인 요구르트 1/2컵
+ 올리브유 1/3컵

> 향신료
  - 마늘 3쪽
  - 풋고추 2개
  - 대파 1개
  - 정향가루 한 줌
  - 생강 1/2작은술
  - 고수 파우더 1/2작은술
  - 시나몬 파우더 3/4작은술
  - 파프리카 파우더 또는 고운 고춧가루 1작은술
  - 쿠민 1작은술
  - 화이트 와인 비네거 1큰술
  - 레몬 껍질 1큰술
  - 설탕 1작은술

Recipe

밑준비
① 당근은 채를 썰어 뚜껑을 덮은 채 약한 불에서 10분 정도 삶아 물기를 뺀다. 식감을 살리기 위해 중간 체크하며 소금으로 살짝 간을 한다.
② 양파는 잘게 다지고, 레몬껍질은 강판에 간다.
③ 향신료에 들어가는 마늘, 풋고추, 대파와 생강은 잘게 다진다.

만드는 방법
1. 볼에 향신료 재료를 섞는다.
2. 프라이팬에 올리브유 2큰술을 두르고 양파를 타지 않게 부드러워질 때까지 볶다가 당근을 넣고 (1)을 더해 가볍게 볶는다. 불을 끄고 소금으로 간을 한 후 식힌다.
3. (2)를 접시에 담아 굵게 다진 고수 잎을 장식한다.

 Tip
"취향에 따라 요구르트를 뿌려 먹어요."

모로코

쿠스쿠스와 무화과 샐러드

지중해 연안과 북아프리카의 전통적인 식재료인 '쿠스쿠스'는 파스타의 일종이에요. 옛날에는 쌀이나 콩처럼 오랜 시간 타진 냄비에서 찌거나 졸였지만, 지금은 뜨거운 물을 붓기만 하면 순식간에 익는 인스턴트 쿠스쿠스가 있어서 쉽게 조리할 수 있어요.
모로코 스타일이라서 다양한 향료가 들어가요. 무화과가 제철인 계절에 꼭 한번 도전해보세요.

Ingredients * 4인분

+ 양파 1개
+ 마늘 2쪽
+ 고수 씨 1/2작은술
+ 파프리카 파우더 1/2작은술
+ 소금 1/2작은술
+ 물 2컵
+ 쿠스쿠스 175g
+ 아몬드 1/2컵
+ 포도 20~25알
+ 무화과 6개 (또는 살구, 천도복숭아)
+ 하리사 페이스트 1큰술
+ 올리브유 4큰술
+ 쿠민 씨 1/2작은술

Recipe

밑준비

① 무화과는 살짝 씻어 껍질째 4~6등분한다.
② 양파는 얇게 썰고, 마늘은 잘게 다진다.
③ 쿠민 씨는 절구로 빻고, 아몬드는 거칠게 다진다.

만드는 방법

1. 냄비에 올리브유를 두르고 양파와 마늘을 타지 않게 볶는다. 여기에 쿠민 씨와 고수 씨, 파프리카 파우더를 더해 중간불에서 살짝 더 볶는다.
2. (1)에 소금, 닭 육수, 쿠스쿠스, 아몬드, 포도를 넣고 섞는다. 끓어오르면 뚜껑을 덮고 약한 불에서 2~3분간 끓인다. 불을 끄고 5분 동안 두었다가 뚜껑을 열어보고 쿠스쿠스가 수분을 흡수해 물기가 없으면 완성이다.
3. 따뜻할 때 (2)를 그릇에 담고 무화과로 장식한다. 하리사 페이스트(고추장 양념)를 곁들여서 맵게 양념해도 좋다.

Tip 1
"하리사 페이스트 대신 고추장 1큰술+깨소금에 참기름을 조금 넣어 섞어서 사용해도 좋아요."

Tip 2
"쿠스쿠스에 넣는 물 대신 취향에 따라 닭 육수를 사용해도 돼요."

오븐에 구운 뿌리채소와 바질 페이스트 샐러드

온 세상이 가을빛으로 물들어 아침저녁으로 온도차가 커질 무렵이면 배도 든든하고 몸도 따뜻해지는 채소 샐러드가 먹고 싶어집니다.
연근이나 우엉처럼 일 년 내내 볼 수 있는 뿌리 채소는 가을을 넘기면 값이 싸져서 부담 없이 구입할 수 있어요.
이제 여름 채소의 오븐구이와는 또 다른 풍미를 즐겨볼까요?

Ingredients * 4인분

+ 연근 1/2개
+ 우엉 2개
+ 당근 1개
+ 무 10cm
+ 방울토마토 10개
+ 레몬즙 1/2개
+ 타임 또는 로즈마리 2~3줄기
+ 올리브유 1큰술

> 바질 페이스트 재료
- 바질 2컵
- 이탈리아 파슬리 1/2컵
- 마늘 1쪽
- 올리브유 2/3컵
- 소금

Recipe

밑준비

① 연근, 우엉, 당근, 무는 껍질을 벗겨 한입 크기로 듬성듬성 썬다.
② 바질 페이스트의 재료를 용기에 모두 넣고 초록색이 선명한 페이스트 상태가 될 때까지 핸드블렌더로 간다.

만드는 방법

1. 오븐을 190도로 예열한다.
2. 베이킹 시트를 깐 오븐 팬에 연근, 우엉, 당근, 무를 색이 조화롭게 얹는다. 그 위에 타임을 줄기째 올리고 소금과 후추, 올리브유를 뿌려 오븐에서 15분간 굽는다.
3. (2)의 오븐 팬에 방울토마토를 얹고, 그 위에 소금, 후추, 올리브유를 뿌려 다시 5분간 굽는다.
4. 오븐에서 꺼내 레몬즙, 바질 페이스트 순으로 뿌린다.

튀긴 할루미 치즈와 포도 샐러드

할루미Halloumi는 그리스, 키프로스 섬, 시리아, 레바논, 요르단, 이스라엘 같은
레반트 지역을 포함한 동지중해 연안국에서 즐겨먹는 대표적인 치즈예요.
양의 젖으로 만든 것과 염소의 젖으로 만든 것을 섞어서인지 프라이팬에
강한 불로 구워도 다른 치즈처럼 끈적끈적하게 들러붙지 않아요.
이 샐러드는 지중해의 과일과 포도를 듬뿍 넣어서 달콤해요.
할루미 치즈를 구하기가 어렵다면 단단한 두부로 해보세요.

Ingredients * 4인분

+ 쌈 채소 두 줌
+ 청포도 10알
+ 캠벨 등 검은 포도 10알
+ 할루미 치즈 또는 단단한 부침용 두부 2컵
+ 소금, 후추
+ 딜 잎
+ 올리브유 3큰술

> 드레싱 재료
- 레몬즙 1큰술
- 설탕 1/2작은술
- 말린 타임 또는 딜 1큰술
- 올리브유 4큰술
- 소금, 후추

Recipe

밑준비

① 쌈 채소는 깨끗이 씻어 물기를 뺀다.

② 포도는 잘 씻어 키친타월로 닦는다.

③ 할루미 치즈는 5mm 폭으로 얇게 잘라 소금과 후추를 뿌린다. 프라이팬에 올리브유를 둘러 강한 불에서 치즈가 옅은 갈색이 되도록 재빨리 구운 후 접시에 옮겨서 식힌다(두부도 동일하게 준비한다).

만드는 방법

1 볼에 드레싱 재료를 넣고 섞는다.

2 샐러드 볼에 쌈 채소와 할루미 치즈를 넣고 드레싱을 뿌린다. 딜 잎으로 장식한다.

로크포르 치즈 드레싱의
엔다이브, 배, 호두 샐러드

로크포르 치즈는 블루 치즈라고 하는 푸른곰팡이에서 숙성된 프랑스
최고의 치즈예요. 이탈리아의 고르곤졸라 치즈와 정말 많이 닮았는데,
로크포르 치즈는 염소의 젖을 원료로 하고 고르곤졸라 치즈는 소의 젖을
원료로 한다는 점이 달라요. 푸른곰팡이 치즈와 잘 어울리는 엔다이브는
어렴풋한 단맛과 가벼운 쓴맛이 있어서 식욕을 돋우는 데 좋아요.
푸른곰팡이 치즈의 짠맛과 특유의 독특한 맛을 완화시키기 위해 배와
호두를 곁들여요.

Ingredients * 4인분

+ 배 또는 사과 1개
+ 엔다이브 4개
+ 셀러리 1개
+ 호두 1컵
+ 실파 2뿌리
+ 꿀 적당량

> 드레싱 재료
- 로크포르 치즈 또는 고르곤졸라 치즈 1/2컵
- 미지근한 물 20ml
- 화이트 와인 비네거 1큰술
- 올리브유 2큰술
- 소금, 후추

Recipe

밑준비

① 배는 4등분하고 껍질을 벗겨 심을 제거한 다음 3mm 폭으로 썬다.

② 엔다이브는 잎을 한 장 한 장 뜯어내 깨끗하게 씻어 물기를 뺀다.

③ 셀러리는 필러를 이용해 줄기 부분을 줄무늬 모양으로 벗기고 얇게 어슷썰기 한다.

④ 호두는 칼로 굵게 다져 타지 않게 볶는다. 실파는 잘게 다진다.

만드는 방법

1 볼에 상온에서 녹인 로크포르 치즈를 넣고 주걱으로 으깨서 크림 상태로 만든다. 미지근한 물, 화이트 와인 비네거를 더해 올리브유를 조금씩 넣으면서 거품기로 섞어 후추로 간을 한다.

2 샐러드 볼에 엔다이브, 배, 셀러리, 호두를 넣는다.

3 (2)에 (1)의 드레싱을 뿌려 잘 버무리고 실파를 얹는다. 기호에 따라 꿀을 살짝 뿌린다.

오븐에 구운 카레 맛 단호박과
요구르트 드레싱 샐러드

지중해 연안에 접한 많은 사람들은 달콤한 단호박을 호박 파이같이 과자의
재료로 사용하기보다는 수프로 만들거나 샐러드에 단맛을 더하기 위해
곁들이곤 하지요.
이 레시피에서 단호박은 조연이 아닌 주인공입니다. 달콤함은 카레 가루로
중화시키고, 요구르트 소스로 힘을 주었어요. 빵과 식탁에 함께 내는
것만으로도 점심 한 끼는 충분히 해결된답니다.

Ingredients * 4인분

+ 단호박 1/2개
+ 올리브유 3큰술

› 향신료
  - 파르메산 치즈 1/2컵
  - 빵가루 3큰술
  - 카레 가루 2큰술
  - 이탈리아 파슬리 4큰술(말린 것 1큰술)
  - 타임 또는 타임 가루 1큰술
  - 레몬껍질 1개분
  - 마늘 2쪽
  - 소금, 후추

› 요구르트 드레싱 재료
  - 플레인 요구르트 1/2컵
  - 꿀 2작은술
  - 화이트 와인 비네거 1큰술
  - 디종 머스터드 2작은술
  - 딜 잎 또는 딜 가루 적당량
  - 올리브유 2큰술
  - 소금, 후추

Recipe

밑준비
① 단호박은 반으로 잘라 씨를 빼내고 껍질째 1cm 폭으로 얇게 썬다.

만드는 방법
1 오븐을 190도로 예열한다.
2 볼에 향신료 재료를 넣어 소금과 후추로 간을 하고 잘 섞는다.
3 오븐 팬에 베이킹 시트를 깔고 단호박을 얹는다. 솔을 이용해 단호박에 올리브유을 바르고, (2)의 향신료를 뿌려 오븐에서 10분 간 굽는다.
4 볼에 요구르트 드레싱 재료를 모두 넣고 잘 섞는다. 굵게 다진 딜 잎을 섞어도 좋다.
5 접시에 (3)을 담고 먹기 전 (4)에 드레싱을 뿌린다.

> Tip
> "단호박이 부드러워지지 않았는데 향신료를 뿌린 부분이 탄다면 베이킹 시트를 감싸서 구우세요."

퀴노아와 바싹 구운 깜빠뉴 빵 샐러드

퀴노아와 맛있는 빵을 함께 버무리면 맛있게 점심을 해결할 수 있어요. 레시피의 재료에 사워 도우 Sour dough가 있는데, 바게트로 대신해도 좋아요. 특히 수제 바게트를 이용한다면 같은 레시피라도 색다른 맛을 느낄 수 있을 거예요. 고수를 좋아하지 않는다면 미나리, 부추 같은 한국의 향채소를 넣어보세요. 또 드레싱과 버무려 빵에 수분이 흡수될 때까지 냉장고에서 재웁니다. 식탁에 낼 때는 올리브유를 살짝 뿌려주세요.

Ingredients * 4인분

- 퀴노아 1/4컵 (또는 조1/2컵+수수1/2컵)
- 깜빠뉴 또는 바게트 4장
- 방울토마토 2컵
- 오이 1개
- 붉은 양파 1/2개
- 고수 잎 4큰술
- 민트 또는 바질잎 1큰술
- 올리브유
- 소금

> 드레싱 재료
- 레몬즙 2큰술
- 레드 와인 비네거 1큰술
- 마늘 2쪽
- 올리브유 6큰술
- 소금, 후추

Recipe

밑준비

① 냄비에 물을 충분히 붓고 살짝 씻은 퀴노아를 넣어 10분간 삶는다. 다 삶아지면 채에 받쳐 찬물에 헹군 뒤 물기를 뺀다.

② 빵은 1cm 크기로 깍둑썰기한 후 프라이팬에 올리브유를 듬뿍 넣고 중간 불로 볶는다. 엷은 갈색으로 변하면 쟁반에 옮겨 소금을 가볍게 뿌린다.

③ 방울토마토는 꼭지를 떼고 세로로 자른다.

④ 오이와 양파는 깍둑썰기한다.

만드는 방법

1 볼에 드레싱 재료를 섞는다.

2 샐러드 볼에 밑준비한 재료를 모두 넣고 고수 잎과 민트 잎을 더해 잘 버무린다.

3 (2)에 드레싱을 뿌린 후 소금과 후추로 간을 하면 완성.

호두와 민트 잎을 곁들인 셀러리와 렌즈콩 샐러드

셀러리는 파에야나 수프 등의 밑간에 없어서는 안 될 중요한 채소로 항상 냉장고 한켠에 자리하고 있답니다. 셀러리를 워낙 좋아하는 탓에 자주 사다가 채워야 하지요. 이 레시피는 셀러리를 가열하면 어떨까 하는 생각에 렌즈콩과 향이 물씬 풍기도록 타임을 줄기째 넣고 살짝 끓여보다가 탄생한 거예요. 다진 호두를 뿌리기 때문에 호두 오일을 사용했지만, 올리브유를 써도 돼요. 도시락용으로도 좋고 파티에서 간단하게 식사로 대신할 수도 있어요.

Ingredients * 4인분

+ 호두 1컵
+ 렌즈콩 1컵
+ 물 3컵
+ 월계수 2장
+ 타임 줄기 3~4개
+ 셀러리 또는 대파나 무 2개
+ 레드 와인 비네거 3큰술
+ 민트 잎 1컵
+ 올리브유 4큰술
+ 소금
+ 후추

Recipe

밑준비

① 호두는 굵게 다져 프라이팬에 타지 않게 볶는다.

② 렌즈콩은 잘 씻어 30분간 불리고, 냄비에 물, 월계수, 타임과 함께 넣어 끓인다. 보글보글 끓기 시작하면 약한 불에서 20분간 더 삶는다. 다 삶아지면 채에 받쳐 물기를 뺀다.

③ 다른 작은 냄비에 물을 끓여 어슷하게 썬 셀러리를 넣고 5분간 삶는다. 부드러워지면 채에 받쳐 물기를 뺀다.

만드는 방법

1 샐러드 볼에 호두, 렌즈콩, 셀러리를 넣고 섞는다. 입맛에 따라 소금과 후추로 간을 한다.

2 (1)을 그릇에 담아 민트 잎으로 장식하고 올리브유를 살짝 뿌린다.

녹두의 매운 초록빛 샐러드

쿠스쿠스, 녹두, 치즈 등 기호에 맞는 그 어떤 재료를 써도 좋은 샐러드예요.
이 샐러드의 포인트는 허브 페이스트지만, 고수를 좋아하지 않는다면 양을
절반으로 줄여도 상관없어요. 타라곤 같은 생소한 허브는 꼭 넣지 않아도 돼요.
맛에서 미묘한 차이가 있겠지만 기본 허브만 넣어도 충분하답니다.

Ingredients * 4인분

+ 녹두 또는 쿠스쿠스 1컵
+ 작은 양파 1개
+ 쿠민 파우더 1/4작은술
+ 피스타치오 1/2컵
+ 대파 3개
+ 청양고추 1개
+ 루콜라 한 줌
+ 올리브유 1큰술
+ 소금 1/4작은술

> 허브 페이스트 재료
- 이탈리아 파슬리 1/3컵
- 고수 1컵(취향에 따라 조절)
- 딜, 민트 잎 각 2큰술
  또는 말린 것 각 1작은술
- 올리브유 6큰술

Recipe

밑준비

① 녹두는 깨끗이 씻어 반나절 이상 물에 불린다. 삶기 전에 불린 물은 버리고 냄비에 넉넉히 물을 넣고 15분간 타지 않게 삶는다. 다 삶아지면 채에 받쳐 물기를 뺀다.

② 양파는 얇게 썰어 프라이팬에 올리브유를 두르고 중간 불에서 엷은 갈색이 될 때까지 볶는다. 소금과 쿠민 파우더를 섞은 다음 불을 끄고 식힌다.

③ 피스타치오는 굵게 다지고, 대파는 어슷하게 썬다. 청양고추는 잘게 다진다. 고수는 깨끗이 씻어 물기를 빼고 큼직큼직하게 썬다.

④ 푸드 프로세서 또는 핸드블렌더용 용기에 허브 페이스트의 재료를 넣고 페이스트 상태가 될 때까지 간다.

만드는 방법

1 샐러드 볼에 녹두와 허브 페이스트를 넣고 잘 버무린다. 여기에 남아 있는 재료를 모두 넣고 가볍게 섞는다.

2 (1)을 그릇에 담아 올리브유를 살짝 뿌린다.

달콤한 고르곤졸라 치즈 드레싱을
곁들인 단감 샐러드

시장이나 마트에 단감이 나오는 시기가 되면 반드시 만드는 샐러드예요.
가을에 단감과 함께 구입하는게 바로 석류지요. 샐러드의 색을 맞추기 위해
곁들이면 시각적으로 화려하고 무척 예쁘답니다.
시금치는 샐러드용으로 잎이 얇은 것을 사용하는데, 혹시라도 떫은 맛이
강하고 잎이 두꺼운 것밖에 구할 수 없다면 살짝 데쳐서 사용하세요.
샐러드를 담을 때는 캔버스에 그림을 그리듯 새하얀 접시에 떠오르는 대로
담아보세요. 마지막에 발사믹 식초 뿌리는 건 잊지 마시고요.

Ingredients * 4인분

+ 호두 1/3컵
+ 비타민 또는 샐러드용 시금치 두 줌
+ 새싹채소 2컵
+ 단감 2개
+ 석류 1/2개
+ 블루 치즈 또는 로크포르 치즈, 고르곤졸라 치즈 1/4컵
+ 꿀 1큰술
+ 올리브유

> 드레싱 재료
  - 레몬즙 1큰술
  - 발사믹 식초 2큰술
  - 디종 머스터드 1작은술
  - 올리브유 5큰술
  - 소금, 후추

Recipe

밑준비

① 호두는 굵게 다져 달군 프라이팬에 타지 않게 볶는다.
② 시금치는 뿌리 부분을 잘라내고 깨끗하게 씻어 큼직큼직하게 썬다.
③ 새싹채소는 가볍게 씻어 물기를 뺀다.
④ 단감은 껍질을 벗기고 세로로 잘라 씨를 빼낸 다음 5mm 폭으로 먹기 좋게 자른다.
⑤ 큰 볼에 석류 열매를 손이나 포크로 빼낸다.

만드는 방법

1   볼에 드레싱 재료를 모두 넣고 잘 섞는다.
2   넓은 접시에 시금치와 새싹채소를 깔고 그 위에 감을 올린다.
3   (2)에 (1)을 뿌려 블루 치즈를 손으로 뜯어가며 장식하고 호두를 뿌린다.
4   마지막으로 올리브유와 꿀을 두른다.

드라이 체리 드레싱을 곁들인
시금치, 바질, 파르메산 치즈, 흑미 샐러드

샐러드에 사용하는 체리는 드레싱에 달콤함을 더하기 위함이에요. 건포도나 플럼은 너무 단맛이 강하기 때문에 되도록 체리를 사용하세요. 초여름에 수입 체리가 나올 때 많이 사서 세미 드라이 토마토처럼 드라이 체리를 만들어두면 좋아요. 번거롭고 귀찮다면 미국에서 수입된 드라이 체리를 구입해서 사용하세요.
현미가 들어가서 점심 식사나 고기 요리의 사이드 디시로도 훌륭해요. 시간이 지나면 쌀의 수분이 증발하기 때문에 먹기 직전에 올리브유를 살짝 뿌려주세요.

Ingredients * 4인분

+ 현미 2컵
+ 흑미 1/2컵
+ 물 8컵
+ 새싹채소 2컵
+ 호두 2/3컵
+ 바질 약간

> 드레싱 재료
- 드라이 체리 또는 블루베리 등 말린 과일 2컵
- 화이트 와인 비네거 50ml
- 올리브유 100ml
- 소금

"기호에 따라 페타 치즈를 곁들여도 좋아요."

Recipe

밑준비

① 현미와 흑미는 깨끗하게 씻어 2~3시간 물에 불린 후 냄비에 물, 약간의 소금을 넣고 삶는다. 20분 정도 지났을 때 쌀의 상태를 확인하고 원하는 정도로 익을 때까지 시간을 조절한다. 다 익으면 채에 받쳐 찬물로 2~3번 헹궈 물기를 뺀다.
② 새싹채소는 살짝 씻어 물기를 뺀다.
③ 호두는 굵게 다지고 프라이팬에 타지 않게 볶는다.
④ 핸드블렌더용 용기에 씨를 뺀 드라이 체리(분량의 1/3컵)와 다른 드레싱 재료를 넣고 간다.

만드는 방법

1 쌀, 드라이 체리 1/3컵, 새싹채소, 호두를 넣은 샐러드 볼에 드레싱을 뿌리고 소금으로 간을 하면서 버무린다.
2 (1)에 남은 드라이 체리, 호두, 바질, 페타 치즈로 장식하고 올리브유를 살짝 뿌려 버무린다.
3 마지막으로 올리브유와 꿀을 두른다.

근대 샐러드

이번 샐러드는 쌀쌀한 늦가을에 안성맞춤인 샐러드예요. 한국 요리에도 자주 사용되는 근대를 살짝 데쳐서 올리브유, 레몬즙, 소금으로 양념하기만 하면 완성이 되지요. 별다른 특별함이 없는 근대샐러드를 처음 맛본 것은 바르셀로나에서였어요. 맑은 가을 하늘 아래 햇살이 반짝여도 외투를 꺼내 입어야 하는 11월이 되면 스페인은 점심과 주말 회식 때 흐물흐물한 이 조림 샐러드를 전채요리로 먹는답니다. 신선한 올리브유가 풋내나는 채소를 아주 순하게 만들어서 의외로 많이 먹게 돼요.

Ingredients * 4인분

- 근대 네 줌
- 마늘 2쪽
- 레몬 1/2개(기호에 따라 조절)
- 올리브유 3큰술
- 소금

Recipe

밑준비

① 근대는 여러 번 씻은 후 큼직하게 썰어 소금을 조금 넣고 살짝 데친다. 데친 근대를 일단 한 번 채에 받쳤다가 다시 냄비에 물을 끓여 소금을 넣고 한 번 더 데친다. 물이 끓을 때부터 근대가 흐물흐물해질 때까지 7~8분간 걸린다. 채에 받쳐 물기를 잘 뺀다.

② 마늘은 잘게 다진다.

만드는 방법

1. 샐러드 볼에 근대를 넣고 올리브유와 마늘을 뿌려 잘 버무린다.
2. (1)에 레몬즙을 뿌린다.
3. 소금으로 간을 하고, 먹기 직전에 올리브유를 살짝 뿌린다.

제 4 장

겨울
Winter

스페인
스페인풍 감자 샐러드

스페인에서 '시골 샐러드'로 불리는 감자 샐러드. 바르셀로나에서 살 때
자주 들르던 발Bar-의 런치코스를 먹으러 가면 제일 먼저 이 감자 샐러드가
수북하게 담겨 나왔어요. 어릴 적부터 마요네즈를 좋아하지 않았던 터라
눈앞에 턱하고 놓인 감자 샐러드가 고문 같았지만, 바르셀로나를 떠난 지
10년 정도 되니 갑자기 생각이 나더군요. 그것도 나의 요리 선생님이었던
세뇨라 로사가 핸드블렌더로 만든 홈메이드 마요네즈로 버무린 것이
너무 그리웠어요. 그녀가 만들어주었던 샐러드의 맛을 떠올리며 완성한
레시피예요.
와인이나 맥주의 안주로도 좋고 도시락이나 생선의 사이드 디시에도
두루 어울려요.

Ingredients * 4인분

+ 감자 2개 정도
+ 당근 2개 정도
+ 그린 빈스 20개
+ 셀러리 1개
+ 사과 1개
+ 소금

> 홈메이드 마요네즈 재료
- 달걀노른자 1개
- 레몬즙 1큰술
- 올리브유 250ml
- 소금, 후추

Recipe

밑준비
① 마요네즈를 만든다. 178P 참조
② 감자와 당근은 껍질을 벗기고 1cm 크기로 깍둑썰기한다.
③ 셀러리는 뿌리 쪽 껍질을 필러로 벗기고 얇게 썬다. 사과는 껍질을 벗겨 1cm 크기로 깍둑썰기해 소금물에 담가둔다.
④ 그린 빈스는 잘 씻어 꼭지를 제거한다.

만드는 방법
1 ②를 냄비에 넣고 채소가 자작하게 잠길 정도로 물을 붓고 끓이다가 끓어오르면 소금을 조금 넣어 8분간 더 삶는다.
2 (1)에 ④를 넣고 그린 빈스를 넣고 5분간 더 삶은 후 채에 받쳐 물기를 뺀다.
3 샐러드 볼에 (2)와 셀러리, 사과를 넣고 마요네즈를 더해 버무린다.

스페인풍 감자 샐러드

마요네즈 만들기

1. 볼에 달걀노른자와 레몬즙 1작은술, 소금을 조금 넣고 거품기 또는 포크로 가볍게 섞는다.
2. (1)에 올리브유 1작은술을 넣으면서 분리되지 않도록 재빠르게 섞는다. 계속해서 섞으면서 올리브유를 조금씩 더한다.
3. 크림 형태로 풍성해지면 남은 레몬즙과 소금, 후추로 간을 하고 냉장고에서 재운다.

Tip

"더 간단하게 만들려면 핸드블렌더나 믹서에 달걀노른자, 레몬즙, 소금을 넣고 가볍게 섞은 후 올리브유를 조금씩 넣으면서 돌리세요. 레시피의 2~3배 양을 만들 때 활용하면 좋아요."

제4장 겨울 * 179

스페인
오렌지와 보라색 양파, 검은 올리브 샐러드

바르셀로나에서 살 때였어요. 친구 집에서 먹은 굴 때문에 사흘간 사경을 헤맨 적이 있지요. 왕진을 온 의사선생님은 "식중독이네요. 물을 많이 마시고, 오렌지나 만다린(감귤)도 많이 드세요"라는 말만 남긴 채 약 처방도 해주지 않고 가버렸어요. 그날 이후로 오렌지와 귤을 먹을 때면 항상 그때가 생각이 나요.
한국에서도 겨울이 되면 귤을 볼 수 있듯이 스페인에서도 발렌시아 등 지중해 연안에서 수확한 귤과 오렌지가 시장에 쫙 깔립니다. 한입 베어 물면 과즙이 뚝뚝 떨어질 정도로 신선하지요.
이 샐러드는 그러한 오렌지로 만든 스페인과 이탈리아의 대표적인 겨울 전채요리예요. 언뜻 어울릴 것 같지 않지만 양파와 약간 짠맛이 나는 블랙 올리브의 조화는 자연의 비밀을 알아낸 듯 '유레카'를 외치기에 충분합니다.

Ingredients * 4인분

+ 오렌지 4개 또는 자몽 3개
+ 붉은 양파 1/2개
+ 블랙 올리브 20개
+ 건포도 4큰술
+ 아몬드 슬라이스 2큰술
+ 민트 잎 적당히

> 드레싱 재료
  - 발사믹 식초 2큰술
  - 올리브유 4큰술
  - 소금, 후추

Recipe

밑준비
① 오렌지는 껍질을 벗기고 알맹이와 즙은 따로 담아둔다. 072P 참조
② 양파는 결 모양과 수직으로 얇게 썰어 찬물에 담가 물기를 뺀다.

만드는 방법
1 볼에 드레싱 재료와 오렌지즙을 넣고 잘 섞는다.
2 다른 볼에 오렌지, 양파, 올리브를 넣고 버무리다가 ⑴을 뿌려 1~2시간 정도 냉장고에서 재운다.
3 ⑵를 그릇에 담아 아몬드 슬라이스, 민트 잎으로 장식한다.

스페인
렌즈콩 샐러드

스페인 요리의 전채 또는 와인의 안주, 파티 요리로 미리 만들어놓으면 좋아요.
콩의 퍼석퍼석한 식감을 주지 않기 위해 올리브유를 살짝 뿌립니다.
렌즈콩은 한국 마트나 온라인 마트에서 쉽게 구할 수 있어요.

Ingredients * 4인분

- 렌즈콩 1컵
- 빨간색 파프리카 2~3개
- 붉은 양파 1/2개
- 케이퍼 2큰술
- 실파 또는 쪽파 2큰술
- 여러 가지 허브(민트, 이탈리아 파슬리, 바질 등) 적당량
- 앤초비 8조각 정도

> 드레싱 재료
- 화이트 와인 비네거 2큰술
- 올리브유 4큰술
- 소금, 후추

Recipe

밑준비

① 렌즈콩은 깨끗이 씻어 30분간 불리고 냄비에 물을 충분히 부어 중간 불로 20분간 삶는다. 다 삶아지면 채에 받쳐 물기를 뺀다.
② 파프리카는 꼭지와 씨를 제거하고 세로로 길게 자른다.
③ 양파는 수직으로 얇게 썬다.
④ 허브 잎은 살짝 씻어 물기를 빼고 굵게 다진다.
⑤ 앤초비와 실파는 잘게 다진다.

만드는 방법

1 볼에 드레싱 재료를 넣고 잘 섞는다.
2 샐러드 볼에 렌즈콩, 파프리카, 양파, 허브 잎을 넣고 드레싱과 케이퍼, 앤초비, 실파를 더해 소금과 후추로 간을 하면서 버무린다.
3 (2)를 그릇에 담고 허브 잎으로 장식한다.

스페인

병아리콩과 초리조 소시지, 토마토 소스가 어우러진 따뜻한 샐러드

병아리콩은 스페인 요리에 정말 많이 쓰이는 식재료로 중동 지역과 같이 병아리콩을 가루로 만들거나 파스타로 만들지 않고, 말린 병아리콩을 물에 담가 스튜로 만들거나 삶아서 사용해요.
이 따뜻한 샐러드는 타파스의 일품요리로도 자주 등장해요.

Ingredients * 4인분

+ 양파 큰 것 1개
+ 마늘 2쪽
+ 초리조 소시지 덩어리(적당히)
+ 완숙 토마토 2개 또는 홀토마토 통조림 1개
+ 이탈리아 파슬리 3큰술
+ 병아리콩
+ 올리브유 2큰술
+ 소금, 후추

Recipe

밑준비

① 병아리콩은 하룻밤 물에 불린다. 물속에서 껍질을 벗겨내면서 잘 씻는다.
② 양파와 마늘은 잘 다진다.
③ 초리조 소시지는 1cm로 깍둑썰기한다.
④ 토마토는 큼직하게 썬다.

만드는 방법

1 병아리콩, 물 1L, 소금 1/2작은술을 냄비에 넣고 끓인다. 뚜껑을 덮지 않고 거품을 걷어내면서 20~25분 삶는다.
2 달군 프라이팬에 올리브유를 두르고 양파와 마늘을 넣어 3분간 볶는다.
3 (2)에 토마토, 이탈리아 파슬리, 병아리콩을 더해 10분간 더 볶는다. 소금과 후추로 간을 하면서 볶되, 너무 졸이지 않는다.

프랑스
프로방스풍 겨울 샐러드

프로방스 지방뿐 아니라 지중해 연안의 서쪽 다시 말해, 스페인과 프랑스,
이탈리아의 연안에서 흔히 쓰이는 펜넬회향의 뿌리를 사용한 레시피예요.
한국에서도 펜넬을 키우는 농가가 늘어 인터넷이나 가락시장에서 구할 수 있고
루콜라는 가락시장이나 대형 마트, 백화점 식품매장 등에서 구할 수 있어요.
여름보다 조금 비싸겠지만 한겨울에도 구할 수 있답니다.
재료는 쉽게 구할 수 있으니 남은 것은 도전하는 것뿐이네요.
자, 이제 시작해볼까요?

Ingredients * 4인분

+ 애호박 1개 또는 주키니 호박 1/2개
+ 펜넬(회향) 뿌리 1개
+ 딜 잎 1/2컵
+ 루콜라 한 줌
+ 잣 1/2컵
+ 페타 치즈 1/2컵
+ 꿀

> 드레싱 재료
  - 레드 와인 비네거 3큰술
  - 레몬즙 3큰술
  - 올리브유 6큰술
  - 소금, 후추

Recipe

밑준비
① 애호박은 3mm 폭으로 반달 모양으로 자른다.
② 펜넬은 결대로 얇게 썬다.
③ 루콜라와 딜 잎은 깨끗이 씻어 물기를 뺀다.
④ 잣은 프라이팬에서 엷은 갈색이 될 때까지 볶는다.

만드는 방법
1 볼에 드레싱 재료를 넣고 잘 섞는다.
2 샐러드 볼에 애호박, 펜넬, 딜을 넣고 드레싱을 뿌려 잘 버무린 후 30분 정도 냉장고에서 재운다.
3 그릇에 루콜라를 깔고 (2)를 얹는다. 기호에 따라 꿀을 뿌리고, 마지막에 잣과 손으로 잘게 부순 페타 치즈를 뿌린다.

프랑스
우프 마요네즈 샐러드

스페인의 홈메이드 마요네즈와 달걀을 의미하는 '우프 마요네즈'를
소개할게요. 우프 마요네즈를 드레싱으로 하는 이 샐러드는 프랑스
전역에서 즐길 수 있는 단골 메뉴예요. 스페인 발Bar의 점심 코스로 나온 감자
샐러드와 같다고 할 수 있어요. 다만 채소가 주인공이 아닌 조연 역할을
한다는 게 조금 다릅니다.
삶은 달걀의 맛을 홈메이드 마요네즈로 북돋아주는 이 샐러드를 만들 때는
반드시 상온에 보관한 달걀을 9분간 삶는 것이 중요해요.
또 마요네즈를 만들 때는 상온에 보관한 달걀로 오일을 조금씩 섞어야 해요.
계절에 따라 여름에는 신맛을 더해 마요네즈의 맛에 변화를 주면 색다른
맛을 즐길 수 있어요.

Ingredients * 4인분

+ 달걀 6개
+ 당근 1개
+ 무 또는 총각무 3~4개
+ 새싹채소, 루콜라, 치커리 등의 샐러드 채소 적당량
+ 올리브유

> **머스터드 마요네즈 재료**
  - 달걀 1개
  - 디종 머스터드 1큰술
  - 화이트 와인 비네거 2~3큰술
  - 올리브유 200ml
  - 소금, 후추, 식초

Recipe

밑준비

① 달걀을 삶는다. 이때 노른자가 중앙에 오도록 스푼으로 천천히 달걀을 굴린다. 다 삶아지면 찬물이 든 큰 볼에 달걀을 재빨리 옮긴다. 손으로 만질 수 있을 정도로 식으면 껍질을 벗긴후 반으로 자른다.

② 당근과 무는 껍질을 벗겨 7~8mm 크기로 깍둑썰기한다.

③ 새싹채소는 올리브유로 버무린다.

만드는 방법

1. 머스터드 마요네즈를 만든다. 상온에 둔 달걀을 깨서 달걀노른자만 볼에 담는다. 소금, 머스터드를 넣고 거품기로 잘 섞는다. 분량의 올리브유를 조금씩 넣으면서 섞는다. 마지막에 식초 조금 넣고 맛을 보면서 소금과 후추를 넣어 살짝 섞는다. 178P 참조

2. ②를 (1)의 마요네즈와 버무린다. 원형틀로 모양을 잡아 접시 한가운데에 올린다.

3. (2)에 반으로 자른 삶은 달걀을 얹고, 새싹채소와 허브를 올린다.

4. (3)에 소금과 후추를 살짝 뿌리고, 접시 가장자리에 남은 마요네즈를 담는다.

프랑스
염소 치즈와 호두 샐러드

프랑스에서 브런치나 주메뉴로 자주 등장하는 샐러드예요.
여기에서는 1인분 레시피로 정리해봤습니다. 프랑스어로 '쉐브르'라고
하는 산양 치즈를 얹을 때는 바게트에 버터가 아닌 올리브유를 바르지만,
산양 치즈를 구하기가 어려우면 브리Brie 치즈 또는 까망베르Camembert
치즈로 대신해도 좋아요.

Ingredients * 1인분

+ 쌈 채소 한 줌
+ 새싹채소 2컵
+ 붉은 양파 1/2개
+ 바게트 4조각
+ 실파 또는 쪽파 적당량
+ 쉐브르 치즈 적당량

› 드레싱 재료
  - 레드 와인 비네거 1큰술
  - 올리브유 3큰술
  - 소금, 후추

Recipe

밑준비
① 쌈 채소와 새싹채소는 깨끗이 씻어 충분히 물기를 뺀다.
② 바게트는 1cm 폭으로 잘라 한쪽에 올리브유를 바르고 그 위에 1cm 폭으로 동그랗게 자른 쉐브르 치즈를 얹어 전기 오븐 토스터나 오븐 그릴에 3~5분간 굽는다. 굽는 정도는 치즈가 부드럽게 녹기 시작할 때 전체적으로 그을림이 생기면 된다.
③ 양파는 잘게 다진다.

만드는 방법
1 볼에 드레싱 재료를 넣고 잘 섞는다.
2 다른 볼에 양파를 넣고 드레싱을 뿌리고 섞는다. 여기에 쌈 채소와 새싹채소를 손으로 뜯어 넣고 재빨리 버무린다.
3 그릇에 (2)를 담고 바게트를 곁들인다. 실파를 살짝 뿌린다.

이탈리아

감자와 토마토의
따뜻한 시칠리아풍 샐러드

지중해의 한가운데에 위치해 고대부터 여러 민족이 지나치며 다양한 문화가
형성된 곳이자, 몇 번이나 계획을 세웠지만 마피아를 만나거나 도둑을 맞아서
그리고 소매치기를 당해서 결국 가보지 못한 시칠리아 섬.
이번 샐러드는 감자를 주재료로 하여 케이퍼와 그린 올리브의 풍미를 살린
시칠리아의 전통적인 감자 샐러드예요. 감자를 부드럽게 삶는 것이 중요하기
때문에 재료들을 버무릴 때 부서지지 않도록 힘조절이 필요해요.

Ingredients * 4인분

+ 감자 4개
+ 토마토 2개
+ 붉은 양파 1/2개
+ 바질 4~5장
+ 그린 올리브 1/2컵
+ 케이퍼 3큰술

> 드레싱 재료
  - 화이트 와인 비네거 2큰술
  - 올리브유 3큰술
  - 소금, 후추

Recipe

밑준비
① 감자는 껍질을 벗겨 한입 크기로 잘라 소금을 넣은 물에 넣고 삶는다. 감자를 칼로 찔러 스윽 들어갈 정도로 익으면 채에 받쳐 물기를 빼고 볼에 옮긴다.
② 붉은 양파는 채 썰어 찬물에 5분간 담갔다가 물기를 뺀다.
③ 토마토는 먹기 좋게 자른다.

만드는 방법
1 작은 볼에 드레싱 재료를 넣고 잘 섞는다.
2 감자가 따뜻할 때 붉은 양파와 토마토를 더하고 드레싱을 더해 소금과 후추로 간을 하면서 살짝 버무린다.

모로코
토마토, 오이, 양파를 익힌 샐러드

주변의 지인들 중에는 베트남 요리는 좋아하지만 고수는 못 먹겠다는 사람들이 많아요. 하지만 고수 잎을 넣어 만든 페이스트로 샐러드를 만들면 언제 그랬냐는 듯이 아무렇지도 않게 잘들 먹지요.
요리를 할 때 사람들이 거부감을 느낄 정도로 냄새와 맛이 강한 허브를 넣는 이유는 단순히 좋아서가 아니라 궁합 때문이에요. 맛과 향이 담백한 베트남 요리에 들어가는 고수는 조금 힘들지 몰라도 모로코 같은 지중해 연안국에서 사용하는 다른 허브나 식재료와 어울리면 다들 부담 없이 즐길 수 있어요.
용기를 내서 고수의 잎으로 드레싱을 만들어 메인 요리에 곁들여보세요. 이 샐러드는 채소를 익혀서 만들기 때문에 어느 메인 요리와도 궁합이 맞답니다.

Ingredients * 4인분

+ 토마토 큰 것 2개
+ 양파 2개
+ 오이 1개
+ 오이고추 3개
+ 물 1컵
+ 고수 잎(기호에 따라)

> 드레싱 재료
  - 레몬즙 2큰술
  - 마늘 2쪽
  - 고수 잎 1/2컵
  - 올리브유 3큰술
  - 소금, 후추

Recipe

밑준비
① 토마토는 먹기 좋게 자르고 양파는 굵게 다진다.
② 오이는 세로로 하여 반으로 가르고 스푼으로 씨를 뺀 후 동그란 모양으로 썬다.
③ 오이고추는 2cm 폭으로 동그랗게 썬다.
④ 고수 잎은 다진다.

만드는 방법
1 냄비에 토마토, 오이, 오이고추를 넣고 물 1컵을 부어 중간 불로 5분간 익힌다.
2 볼에 드레싱 재료를 넣고 잘 섞는다.
3 (1)의 채소를 채에 받쳐 물기를 뺀 후 샐러드 볼에 옮긴다.
4 (3)에 드레싱을 뿌려 소금과 후추로 간을 한다. 고수 잎(분량 외)으로 장식한다.

모로코
아몬드 슬라이스를 곁들인
아보카도, 오렌지 샐러드

'아보카도'는 미국이나 멕시코 요리의 식재료로 많이 쓰이지만, 지중해 요리에서도 빼놓을 수 없는 재료입니다. 아보카도의 부드러운 식감과 오렌지의 새콤함이 서로 잘 어우러져 스테이크 같은 고기 요리의 사이드 디시로 좋아요.

Ingredients * 4인분

+ 오렌지 2개
+ 토마토 2개
+ 아보카도 2개
+ 양파 1/2개
+ 블랙 올리브 12개
+ 잣 또는 견과류 1/3컵

> 드레싱 재료
- 레몬즙 2큰술
- 이탈리아 파슬리 1큰술
- 올리브유 4큰술
- 소금, 후추

Recipe

밑준비
① 오렌지는 양끝을 잘라 내고 칼로 껍질을 벗겨 두꺼운 반달 모양으로 자른다.
② 토마토는 꼭지를 떼어내고 자른다.
③ 양파는 얇게 채썬다.
④ 아보카도는 세로로 하여 반으로 자르고, 칼집을 넣어 반으로 나눠 속에 든 씨를 제거한다. 126P 참조 껍질을 벗기고 토마토와 같은 크기로 자른다.
⑤ 잣은 프라이팬에서 엷은 갈색이 될 때까지 볶는다.

만드는 방법
1 볼에 드레싱 재료를 넣고 잘 섞는다.
2 샐러드 볼에 토마토와 아보카도를 넣고 드레싱을 1/2만 뿌려 버무린다.
3 그릇에 오렌지를 깔고 양파를 얹는다. 남은 드레싱을 뿌리고 (2)를 올려 올리브와 잣으로 장식한다.

매콤한 콜리플라워 샐러드

우리의 몸은 참으로 신비로워요. 추운 겨울이 끝날 무렵 봄 냄새가 솔솔 풍길
때가 되면 금방 채취한 나물을 신맛이 강한 드레싱이나 양념으로 조물조물
무쳐서 먹고 싶어지거든요. 하지만 겨울에는 신맛이나 생채소에는 눈이 가지
않고 오로지 따뜻한 것만 생각이 나지요.
지중해 사람들도 마찬가지로 채소를 생으로 먹지 않고 구워서 샐러드로
만들어 먹어요. 물에 데치면 물러지기 쉬운 콜리플라워를 카레 가루에 묻혀
오븐에서 익혀주세요.
따뜻할 때 먹으면 좋지만 식어도 맛있어요.

Ingredients * 4인분

+ 콜리플라워 1개
+ 카레 가루 1작은술
+ 고수 씨 1큰술
+ 캐러웨이 1큰술
+ 호두 2큰술
+ 고수 잎 2큰술
+ 양파 1/2개
+ 쿠민씨 1/2작은술
+ 올리브유 30ml
+ 소금 1작은술
+ 후추

Recipe

밑준비
① 호두는 굵게 다져 프라이팬에 구수한 향이 날 때까지 타지 않게 볶는다.
② 고수와 양파는 잘게 다진다.
③ 콜리플라워는 한입 크기로 잘라 베이킹 시트를 깐 오븐 팬에 얹어 올리브유, 카레 가루, 고수 씨, 캐러웨이를 뿌려 190도로 예열한 오븐에서 10분간 굽는다. 다 익으면 소금을 뿌리고 식힌다.

만드는 방법
1 호두, 고수, 양파, 콜리플라워를 샐러드 볼에 넣고 바닥부터 뒤집듯이 잘 버무린다.
2 (1)에 쿠민 씨, 소금, 후추, 올리브유를 더해 다시 한 번 버무린다.

홀그레인 머스터드 드레싱을
곁들인 콜라비 샐러드

콜라비의 어원은 독일어로 양배추를 뜻하는 '콜Kohl'과 그루를
뜻하는 '라비Rabi'에서 유래했다고 해요. 브로콜리의 줄기
또는 양배추의 심에서 나는 맛과 비슷하지만 더 부드럽고
단맛이 나지요. 이 샐러드는 요리교실에서도 자주 만들어요.
콜라비와 오이를 얇게 써는 것이 조금 힘들지만 홀그레인
머스터드가 들어간 드레싱만으로도 말할 수 없는 고소함이
입 안을 맴돌지요.
크레송을 구하기 힘들다면 돌나물이나 새싹채소로 버무려도
맛있어요.

Ingredients * 4인분

+ 크레송 또는 새싹채소 한 줌
+ 오이 2개
+ 콜라비 2개
> 드레싱 재료
  - 카옌페퍼 또는 고운 고춧가루
  - 홀그레인 머스터드 1큰술
  - 화이트 와인 비네거 40ml
  - 올리브유 80ml
  - 소금 1/2작은술
  - 후추
  - 설탕 적당량

Recipe

밑준비

① 오이는 슬라이서로 최대한 얇게 썬다.
② 콜라비는 꼭지를 떼고 세로로 하여 반으로 가른 뒤 껍질째 슬라이서로 최대한 얇게 썬다.
③ 오이와 콜라비를 볼에 담아 분량외의 소금을 뿌려 10분간 뒀다가 채소에서 나오는 물기를 뺀다.
④ 크레송은 살짝 씻어 물기를 뺀다.

만드는 방법

1 볼에 드레싱 재료를 넣고 잘 섞는다.
2 샐러드 볼에 오이, 콜라비, 크레송을 넣고 드레싱을 뿌려 바닥부터 뒤집듯이 버무린다. 소금과 후추로 간을 한다.

> **Tip**
> "단맛을 좋아하면 설탕이나 꿀을 살짝 뿌리세요."

브로콜리와 병아리콩 샐러드

주재료가 브로콜리와 병아리콩뿐이지만, 주재료의 일부를 페이스트로 만들어
드레싱의 베이스로 사용하므로 채소를 충분히 섭취할 수 있어요.
여기에 다른 채소를 더해 자신만의 새로운 레시피를 만들어보세요.

Ingredients * 4인분

+ 브로콜리 한 송이
+ 삶은 병아리콩 2컵
+ 새싹채소 2컵

> 브로콜리 페이스트 재료
- 브로콜리 1/3송이
- 마늘 3쪽
- 올리브유 6큰술
- 소금 1작은술
- 후추

Recipe

밑준비

① 병아리콩은 하룻밤 물에 불린다. 물속에서 껍질을 벗겨내면서 잘 씻는다. 병아리콩, 물 1L, 소금 1/2작은술을 냄비에 넣고 끓인다. 뚜껑을 열어둔 채 거품을 걷어내면서 20분 삶는다.

② 브로콜리는 먹기 좋게 잘라 소금물에 2분간 데쳐 물기를 뺀 후 그대로 식힌다.

만드는 방법

1 브로콜리 1/3, 마늘, 올리브유를 푸드 프로세서에 넣고 마요네즈와 같은 농도로 퓨레 상태로 만든다. 농도는 콩 삶은 물로 조절한다.

2 볼에 병아리콩, 브로콜리를 넣고 (1)을 뿌려 잘 버무린다. 소금과 후추로 간을 하면서 다시 한 번 버무린다.

비트, 오렌지, 검은 올리브 샐러드

잘 삶은 비트에 드레싱을 얹어 먹는 심플한 맛을 경험해보세요.
비트와 같이 붉은톤의 엔다이브와 붉은 양파에 대조적인 오렌지색과
검은색을 더하는 것만으로 매우 매력적인 샐러드랍니다.

Ingredients * 4인분

+ 비트 큰 것 1개
+ 오렌지 2개
+ 붉은 엔다이브 1개 또는 붉은 양배추 1/4개
+ 붉은 양파 1/2개
+ 이탈리아 파슬리 3큰술
+ 블랙 올리브 5큰술

> 드레싱 재료
- 레드 와인 비네거 1큰술
- 오렌지즙 2큰술
- 올리브유 4큰술
- 소금, 후추

Recipe

밑준비

① 비트는 껍질째 잘 씻어 소금과 식초를 조금 넣은 물에 넣어 20분간 삶는다. 다 삶아지면 껍질을 벗기고 세로로 잘라 1cm 폭으로 얇게 썬다. 샐러드 볼에 넣는다.

② 오렌지는 양끝을 잘라 내고 칼로 껍질을 벗긴다. 속껍질 옆으로 얇게 칼집을 내어 알맹이만 발라낸다. 오렌지는 동그랗게 잘라 과즙과 함께 샐러드 볼에 넣는다.

③ 엔다이브는 깨끗이 씻어 3~4cm 폭으로 큼직큼직하게 썬다.

④ 붉은 양파는 양파의 결 방향과 수직으로 얇게 썬다.

만드는 방법

1 볼에 드레싱 재료를 넣고 잘 섞는다.

2 비트와 오렌지가 들어 있는 샐러드 볼에 엔다이브와 양파, 올리브, 파슬리를 넣고 (1)을 뿌린다. 소금으로 간을 하면서 재빨리 버무린다.

양배추와 콜라비 샐러드

한겨울부터 초봄에 걸쳐 먹는 콜라비는 흔히 생으로 썰어먹거나 무 대신
김치로 담가먹는데, 스프에 넣거나 오븐에 구워도 맛있어요.
또 이 레시피처럼 레몬 드레싱과 더불어 겨울 제철 채소인 양배추와 버무려
먹으면 콜라비의 또 다른 매력을 느낄 수 있어요.

Ingredients * 4인분

+ 콜라비 1개
+ 양배추 1/2개
+ 딜 약 3큰술 또는 말린 것 1작은술
+ 건포도 또는 말린 과일 2/3컵
+ 새싹채소 3컵

› 드레싱 재료
  - 레몬즙과 껍질 1개분
  - 마늘 1작은술
  - 올리브유 6큰술
  - 소금, 후추

Recipe

밑준비
① 콜라비는 깨끗이 씻어 꼭지를 떼어낸다. 세로로 하여 반으로 자른다.
　 슬라이서를 이용해 껍질째 6mm 폭으로 채를 썬다.
② 양배추는 겉껍질부터 2/3만 사용한다. 잘 씻어 6mm 폭으로 채를 썬다.
③ 딜은 굵게 다지고, 새싹채소는 살짝 씻어 물기를 뺀다.
④ 건포도는 미지근한 물에 10분간 불려 물기를 뺀다.

만드는 방법
1　샐러드 볼에 드레싱 재료를 넣고 잘 섞는다.
2　다른 볼에 콜라비와 양배추, 딜, 건포도를 넣고 드레싱으로 버무려 10분간
　　둔다.
3　(2)에 새싹채소를 더해 소금과 후추로 간을 하면서 다시 살짝 버무린다.

콩과 양배추 샐러드

비타민C가 풍부한 양배추와 식물성 단백질인 콩을 감자와
함께 볶아 먹는 따뜻한 샐러드예요.
양배추는 일 년 내내 마트에서 쉽게 구할 수 있어요.
특히 겨울에 속이 꽉 찬 것이 가장 달콤하다고 해요.

Ingredients * 4인분

- 감자 2개
- 버터 2큰술
- 양파 1개
- 말린 콩 150g
- 양배추 1/2개
- 파르메산 치즈 적당량
- 올리브유 2큰술
- 소금

Recipe

밑준비

① 콩은 여러 번 씻어 하룻밤 물에 불렸다가 분량의 2배 되는 물에 15~20분간 삶는다.
② 감자는 껍질을 벗겨 1cm 크기로 깍둑썰기한다.
③ 양배추는 채를 썰어 찬물에 담갔다가 물기를 뺀다.
④ 양파는 결 방향과 평행으로 얇게 썬다.

만드는 방법

1. 프라이팬에 올리브유와 버터를 녹여 감자를 살짝 볶다가 소금을 넣고 뚜껑을 덮어 약한 불에서 5~8분간 익힌다. 중간에 타지 않게 잘 저어준다.
2. (1)에 양파와 콩을 더해 엷은 갈색이 될 때까지 볶다가 양배추를 넣어 부들부들해질 때까지 더 볶는다. 소금과 후추로 간을 한다.
3. (2)를 그릇에 담고 조금 식으면 파르메산 치즈를 뿌린다.

보리와 석류 샐러드

일본에서는 곱게 간 참마를 따뜻한 쌀밥 위에 얹어 먹는데, 어머니는 "보리와 참마의 맛 궁합이 참 좋아"라고 하며 보리밥에 참마를 얹어주셨어요. 그때는 보리밥을 싫어해서 참마도 좋아하지 않았지만, 요리를 배운 뒤로 보리를 수프나 샐러드와 섞으면 쫀득쫀득한 식감이 살아나는 것을 알게 됐어요. 보리를 삶는 게 번거로울 것 같지만, 실은 석류 열매를 빼내는 게 더 수고로워요. 하지만 생각보다 손쉽게 만들 수 있는 일품 건강 요리입니다.

Ingredients * 4인분

- 보리 1컵
- 석류 1개
- 셀러리 2줄기
- 딜 3큰술
- 이탈리아 파슬리 3큰술
- 셀러리 잎 또는 바질 등 허브 잎 적당히

> 드레싱 재료
- 쉐리 비네거 또는 레드 와인 비네거 3큰술
- 마늘 2쪽
- 파프리카 파우더
- 고춧가루
- 시나몬
- 올리브유 1/4컵
- 소금, 후추

Recipe

밑준비

① 깨끗이 씻은 보리를 냄비에 충분한 물과 함께 넣고 뚜껑을 덮어 10~15분간 끓인다. 약간 씹히는 식감이 남은 상태로 익힌다. 다 익으면 채에 받쳐 물기를 뺀다.

② 셀러리는 1cm 폭으로 썬다.

③ 석류를 세로로 자른다. 볼에다 대고 석류 열매를 손이나 포크로 빼낸다.

만드는 방법

1 볼에 드레싱 재료를 넣고 잘 섞는다.

2 보리를 샐러드 볼에 옮겨 담고, 따뜻할 때 셀러리를 넣어, 드레싱으로 버무린다.

3 (2)가 식으면 허브 잎, 셀러리 잎, 석류의 씨를 넣고 소금으로 간을 하면서 잘 버무린다.

붉은 양배추 샐러드

프랑스의 「라루스 요리학 사전」을 보면 양배추의 종류가 60종이 넘는다고 해요. 붉은 양배추도 그중 하나로, 흰 양배추보다 조금 비싸지만 달콤함과 더불어 짜릿한 매콤함을 느낄 수 있어요.

Ingredients * 4인분

+ 중간 크기의 붉은 양배추 작은 것 1개
+ 다진 마늘 2쪽
+ 레드 와인 비네거 3큰술
+ 잣 1/2컵
+ 올리브유 3큰술
+ 소금, 후추

Recipe

밑준비

① 양배추는 심을 잘라내면 잎을 쉽게 떼어낼 수 있다. 떼어낸 잎은 잘 씻어서 얇게 채를 썬다.
② 잣은 프라이팬에서 엷은 갈색이 될 때까지 볶는다.

만드는 방법

1. 프라이팬에 올리브유를 두르고 마늘을 볶는다. 마늘이 엷은 갈색이 되고 마늘의 향이 퍼지기 시작하면 꺼낸다.
2. (1)의 프라이팬에 양배추를 넣고 5분간 볶다가 비네거를 넣고 살짝 볶는다.
3. (2)의 양배추가 더욱 붉어지면 소금과 후추로 간을 하고 그릇에 담아 잣을 뿌린다. 먹을 때 올리브유를 뿌린다.

보리와 브로콜리의 레몬 크림 샐러드

지중해 연안이 원산지인 브로콜리는 비타민B와 C, 카로틴과 철분이 풍부하지요. 브로콜리로 페이스트를 만들어서 파스타에 버무려 먹어도 맛있는데, 여기에서는 보리와 짝을 이루어봤어요.

Ingredients * 4인분

+ 보리 1컵
+ 브로콜리 두 송이

> 브로콜리 페이스트
- 브로콜리 분량의 1/3송이
- 마늘 2쪽
- 잣 1/2컵
- 파르메산 치즈 1/3컵
- 레몬즙 1개분
- 사워크림 또는 플레인요구르트 1/2컵
- 생크림 3큰술
- 레몬껍질 1개분
- 아보카도 1개
- 올리브유 4큰술
- 소금, 후추

Recipe

밑준비
① 보리는 잘 씻어 냄비에 충분한 물과 함께 넣고 뚜껑을 덮어 10~15분간 삶는다. 조금 씹히는 식감이 남은 정도로 익혀 채에 받쳐둔다.
② 잣은 프라이팬에 볶는다.
③ 아보카도는 손질한 후 126P 참조 1cm 크기로 깍둑썰기한다.
④ 브로콜리는 한입 크기로 자른다. 소금을 넣어 끓인 물에 브로콜리를 넣어 2분간 데쳐 찬물에 헹군 다음 물기를 뺀다.
⑤ 푸드 프로세서나 핸드블렌더 용기에 브로콜리1/3과 페이스트 재료를 넣고 초록색의 퓨레 상태가 될 때까지 간다.
⑥ 레몬껍질은 곱게 간다.

만드는 방법
1 샐러드 볼에 보리와 남은 브로콜리, 브로콜리 페이스트 2/3분량, 레몬껍질을 넣고 잘 버무린다.
2 (1)에 아보카도를 더하고, 소금과 후추, 남은 페이스트로 간을 하면서 살짝 버무린다.

제5장

지중해 요리의
재료와 구입처

지중해 요리는 조리법이나 양념이 지극히 단순한 만큼 재료의 신선도와 제철의 맛이 중요해요. 지중해 요리에 사용하는 주요 재료들을 5장에 소개할게요. 제가 주로 이용하는 구입처도 모두 공개합니다.

올리브유

예전부터 집에서 기르고 싶었던 나무가 있었어요. 그것은 올리브 나무. 정원에 올리브, 무화과, 레몬 나무를 심어 허브처럼 갓 딴 열매를 요리교실의 식재료로 쓰는 것이 꿈이었지요. 하지만 이들 나무는 서울의 혹한을 견뎌낼 수 있는 식물이 아니라서 포기하고 말았어요. '추운 한국에서 올리브 나무는 구할 수 없을 거야'라고 스스로를 위안하며 아쉬움을 달래기도 했어요.

그러던 중 뜻밖에도 서울에서 작은 올리브 나무를 구할 수 있었어요. 가느다란 줄기에 연약해보이기만 하던 올리브 나무는 금세 열매를 맺었고, 대롱대롱 매달린 열매는 초록색에서 검은색으로 변해가고 있답니다. 올리브유는 바로 이 열매로 만들어요. 우리가 잘 아는 콩기름, 유채유, 해바라기유, 포도씨유 같은 식물유는 씨앗으로 만드는데, 씨앗만으로는 기름을 얻을 수 없기 때문에 제조과정에서 화학적 수단을 동원해야 해요. 하지만 올리브유, 특히 엑스트라 버진 올리브유는 열매를 짜내 유분과 수분을 분리시키기만 하면 된답니다. 다시 말해 올리브유는 올리브 열매로 만든 100% 주스예요.

올리브유는 비타민과 미네랄 등 200종이 넘는 성분을 포함하고 있어요. 인체에 유효한 올리브산 등 건강과 미용에 좋은 성분들도 풍부하답니다.

화학 처리 과정을 거치지 않은 신선한 올리브유에서는 여름 볕을 쬔 풀숲이나 토마토에서만 맡을 수 있는 싱그러움, 젖은 숲의 흙내가 나요. 톡 쏘는 맛, 쓴맛, 짠맛 등 다양한 맛도 느낄 수 있지요. 올리브유를 단순히 '기름'으로만 사용하지 말고, 요리의 마무리 단계에 넣거나 뿌리면 음식과 어우러져 풍미를 즐길 수 있답니다.

* 올리브유 사용 포인트

올리브유는 품질이 잘 변하지 않는 안정적인 오일이에요. 아직 개봉을 하지 않았다면 몇 년간은 더 보관해도 문제없어요. 하지만 올리브유는 일종의 과즙이므로 신선한 것이 향과 맛이 더 좋겠지요. 와인처럼 장기 숙성시킬 필요가 없으므로, 올리브유를 구입할 때는 가능한 한 최근에 생산된 것을 고르고 품질이 변하지 않도록 잘 보관합니다. 개봉 후에는 되도록 빠른 시일 내에 사용하는 게 좋아요.

포인트 1. 직사광선이 닿지 않는 곳에 둔다
일반적으로 올리브유는 자외선에 약해요. 올리브유의 병을 보면, 하나같이 자외선의 영향을 받지 않도록 짙은 색으로 되어 있어요. 만약 올리브유가 투명한 병에 들어 있다면, 알루미늄 포일로 감싸 두는 게 좋아요.

포인트 2. 공기에 닿지 않도록 한다
오일은 공기에 노출되면 서서히 산화됩니다. 개봉한 올리브유 마개로는 통기성이 있는 코르크보다 금속 캡이 적합해요. 사용 후 마개는 꼭 닫아두세요.

포인트 3. 시원한 곳에 보관한다
올리브유는 높은 온도에 보관하면 품질이 나빠져요. 전자레인지나 가스레인지 주변은 피하고 되도록 시원한 곳에 두세요. 기온이 30도 이상 올라가는 여름에는 냉장고나 실온 5도 이하의 서늘한 장소에 보관하세요. 올리브유에 결정이 생성되어 하얗게 변하기는 해도 상온에 두면 원래대로 돌아옵니다. 조금 향이 날아가기는 해도 품질에는 아무 이상이 없어요.

포인트 4. 커다란 병이나 캔에 든 올리브유는 조금씩 나누어 보관한다
1L짜리 플라스틱 병이나 커다란 캔에 든 업소용 올리브유를 구입했을 경우, 쓸 만큼만 작은 병에 옮겨 담은 후 나머지는 밀봉하여 햇볕이 들지 않는 곳에 보관합니다. 그래야 갓 만들어진 듯한 신선함을 오래도록 유지할 수 있어요.

포인트 5. 엑스트라 버진 올리브유는 가열해도 되지만, 가능한 한 풍미를 살릴 수 있는 요리법을 연구한다
요리의 마무리 단계에 살짝 뿌려 깊은 맛과 향을 즐기는 엑스트라 버진 올리브유. 120도 정도까지는 가열해도 엑스트라 버진의 풍미와 여러 가지 유효한 성분은 거의 유지돼요. 하지만 튀김요리를 할 때처럼 180도 이상의 고온에서 장시간 조리하면 유효 성분이 사라지고 맙니다. 불 조절에 주의하여 160~180도를 유지하면, 주성분인 올레산과 항산화 성분이 풍부한 엑스트라 버진으로도 튀김요리를 만들 수 있어요. 튀김 요리에는 여과된 것을 사용하세요. 여과되지 않은 것은 저온 열처리를 하지 않은 생식용이에요.

포인트 6. 요리의 마지막을 장식하는 감초!
올리브유의 가장 큰 장점은 조미료로 활용할 수 있다는 거예요. 과일 향, 톡 쏘는 풍미, 매운맛, 쓴맛 등 올리브유 특유의 다양한 개성은 식재료의 맛을 이끌어내지요.
올리브유는 흔히 샐러드 또는 요리에 뿌려 먹거나 나물에 뿌려 버무리거나 빵에 발라 먹는 것으로 알고 있는데, 불 조절에 유의하면 굽고 조리고 볶고 튀기는 데도 적합해요.
또 다른 오일에 비해 위에 부담이 없는 요리를 만드는 데도 좋아요. 김치찌개나 수프 등 국에도 마지막에 엑스트라 버진 올리브유를 한 방울 떨어트리면 풍미와 감칠맛이 살아나지요. 밥이나 면류에 뿌려 먹어도 맛있어요.
드레싱 소스의 베이스뿐만 아니라 올리브유에 갖가지 허브나 고추의 매운맛, 감귤류의 향 등을 넣어 만드는 플레이버 오일에도 사용돼요. 식재료가 잠길 정도로 올리브유를 부어 만드는 오일 절임은, 올리브유의 항산화력으로 채소, 육류, 어패류 등이 상하지 않도록 한 이탈리아인의 지혜가 담긴 요리예요. 아이스크림이나 음료에 뿌려 먹는 것 말고도 비스코티Biscotti같은 과자를 만들 때 버터 대신 넣기도 하는 등 올리브유의 활용법은 무궁무진해요.

비네거 | Vinegar

요리교실 수업에는 그날그날 레시피 재료에 맞춰 올리브유와 비네거의 종류를 결정해요. 사실 올리브유는 이탈리아 혹은 스페인산을 몇 만 원씩 주고 사서 쓰기는 해도 비네거, 즉 식초는 저렴한 양조식초를 쓴다든지 이탈리아 발사믹 식초를 와인 비네거로 여기는 등 비네거의 중요성에 대해 제대로 알고 있는 경우는 많지 않습니다. 한편 분주히 몸을 움직이며 요리에 관한 설명과 만드는 과정을 보여줘야 하는 수업 시간에 '심도 깊은 식초의 세계'에 관해 설명해야 하는 필요성을 가슴 깊이 느끼면서도 생각만큼 실현하지 못하기도 했어요. 하지만 다행히도 이 책을 통해 비네거에 대해 이야기할 수 있게 됐네요. 대형 마트의 조미료 코너에 가면, 현미를 비롯해 쌀, 곡물, 사과, 레몬 등 다양한 재료로 만든 식초가 즐비하게 진열되어 있어요. 유기농 코너나 유기농 전문점에서는 감식초, 매실 식초 등의 과일 발효식초도 팔고 있지요. 샐러드에 뿌리는 3큰술의 엑스트라 버진 올리브유가 드레싱의 맛을 좌지우지하듯이 식초의 풍미도 드레싱과 요리에 결정적인 영향을 미칩니다. 그러므로 식초도 골라서 써야 해요.

* 비네거는 어떻게 만들어졌나요?

와인을 오랫동안 열어두면 맛이 시큼하게 변합니다. 하지만 단순하게 와인이 변질된 것이 아니에요. 중세 시대에 식초의 용도는 참으로 광범위해서 음료나 조미료뿐만 아니라, 화장수, 먹는 약, 페스트(흑사병), 발열, 뱀에 물린 상처 등에 쓰이는 외용약으로도 사용됐다고 해요. 식초 제조방법을 몰랐기에 만병통치약으로 여겨진 것 같아요. 유럽에서 식초의 제조방법이 밝혀진 것은 19세기 중반의 일로, 프랑스의 미생물학자 루이 파스퇴르Louis Pasteur가 식초의 제조에는 효모 작용이 필요하다는 것을 발견한 후로 식초의 공업화가 시작됐지요.

* 식초는 어떻게 만들어질까요?

식초는 곡류, 과일 등 당질을 포함한 재료를 발효시켜 알코올화alcoholization된 것을 초산균으로 발효해 만들어요. 식초의 원료인 알코올 성분은 맛과 향의 핵심이지요. 프랑스에서는 좋은 와인 산지에서 훌륭한 식초가 탄생한다는 말이 있을 정도랍니다.
한국이나 일본에서는 쌀이나 현미로 만든 쌀 식초인 미초와 옥수수나 보리 등을 이용한 곡물 식초가 주류를 이루지요. 또 레몬이나 사과의 맛을 낸 인공적인 식초들도 눈에 띄는데, 한국에서는 감이나 매실을 이용한 자연발효식초도 쉽게 찾을 수 있어요. 저도 매실 식초나 감식초를 활용해 이따금 드레싱의 맛에 변화를 주곤 해요.
좋은 식초를 만들기 위해서는 자연 그대로가 아닌, 자연과 잘 조화를 이룬 환경을 조성하는 것이 중요해요. 그래서 끊임없이 공기를 공급하는 특수 발효탱크에서 초산발효가 이루어지도록 하고 있지요.
이렇듯 세심한 주의를 기울여 완성된 식초는 산도는 높지만 자극성이 적은 원료인 오크 통(또는 참나무통, 술통, 술단지)의 향이 베어 깊은 향과 부드러운 맛을 품게 됩니다.

* 식초의 효능

식초는 예로부터 건강과 미용에 좋은 음료로 여겨져 왔는데 식욕 증진과 소화를 돕는 것은 물론, 식초의 주성분인 구연산 같은 유기산은 피로물질인 젖산의 분해를 도와 노폐물의 축적을 막아줘요. 오래전 로마 병사들은 행군이나 원정 때 '포스카'라는 물과 식초를 섞은 음료를 지니고 다니며 갈증과 피로를 풀었다고 해요.

식초의 종류	프랑스어 / 영어	원료	특징
화이트 와인 식초	vinaigre de vin blanc / white wine vinegar	화이트 와인	원료가 된 와인의 맛과 향에 의한 특징이 나온다. 요리 마무리의 색깔에 영향을 주지 않으므로 널리 이용된다. 가벼운 상큼한 맛. 드레싱이나 절임, 무침의 용도, 닭고기나 흰살생선과 잘 어울린다. 수제 마요네즈 등
레드 와인 식초	vinaigre de vin rouge/ red wine vinegar	레드 와인	레드 와인의 색을 띤다. 화이트 와인 식초보다 깊이감이 있고, 맛에 개성이 있다. 드레싱, 육류나 생선의 베이스나 소스 등.
샴페인 식초	vinaigre de champagne/ champagne vinegar	샴페인	옅은 황금색으로 상큼한 맛. 오크 통에서 5년 정도 숙성시켜 만든다. 닭고기나 흰살생선의 소스에 어울린다.
셰리 식초	vinaigre de xeres/ sherry vinegar	셰리Sherry주	셰리주는 스페인 남부 안달루시아 지방의 헤레스 데 라 프론테라 주변이 생산지. 청포도를 주로 사용하며, 포도의 종류에 따라 강한 맛, 순한 맛, 매운맛, 단맛이 있다. 화이트 와인을 산화·숙성시켜 만드는데, 종류에 따라 공정이 달라진다. 셰리 식초는 셰리주와 같은 술통에서 6개월~25년간 숙성시킨다. 밝은 갈색으로 깊이가 있고 부드러운 맛. 해산물 샐러드나 양고기 등의 육류 요리에 어울린다.
발사믹 식초	vinaigre balsamique/ balsamic vinegar	졸인 포도 과즙	달콤한 풍미가 있는 부드러운 신맛의 이탈리아 식초. 전통적인 것은 통에서 장기숙성시켜 짙은 갈색을 띠며, 나무의 진의 향이나 바닐라 향 등이 뒤섞인 복잡한 향내가 있다. 육류 요리, 생선 요리, 샐러드의 마무리로 제격.
사과주 식초 시드르주 식초	vinaigre de cidre/ apple wine vinegar	시드르cidre주	시드르주는 사과 과즙을 발효시켜 만든 술. 다양한 타입의 사과주용 사과를 섞어 맛의 균형을 이룬다. 알코올은 3~5도 전후로 가볍게 발포한다. 강한 맛, 순한 맛, 매운맛, 단맛이 있다. 포도 재배에 적합하지 않은 프랑스 북부, 영국, 스페인의 갈리시아 지방, 독일 등에서 생산된다. 시드르주를 원료로 하는 시드르주 식초는 프랑스 노르망디, 블루타뉴 지방에서 만들어진다. 황금색으로 신맛 중간에 희미하게 달콤한 향기가 퍼진다. 올리브유보다도 호두 오일과 섞어 샐러드드레싱을 만들거나, 해산물 수프나 소스, 과일 절임에 적합하다.
곡물 식초	vinaigre de malt/ maltvinegar	엿기름과 보리, 호밀, 옥수수, 밀 등	영국이나 독일에서 많이 제조한다. 다갈색. 부드러운 맛. 영국에서는 Fish & Chips에 곁들이거나, 설탕과 민트를 더해 양고기 소스로 만든다.
알코올 식초	vinaigre blanc/ white vinegar	비트나 옥수수로 만들어진 순 에틸 알코올	일반적으로 무색으로 화이트 비네거로도 불리지만, 캐러멜로 착색한 것도 있다. 주로 초절임이나 가공식품, 조미료의 제조에 쓰인다.
허브 식초		와인 식초, 각종 허브	와인 식초에 타라곤, 로즈메리, 타임 등의 허브와 고추 같은 매운 향신료를 양념해 재워 향을 옮긴 식초. 절인 잎도 이용할 수 있다.
쌀 식초 / 현미 식초		쌀, 누룩	백미는 무색, 현미는 황금색. 쌀의 단맛과 부드러움이 특징. 초밥이나 초절임 등 일본 요리에 가장 적합한 식초. 현미 식초나 흑초는 쌀 식초보다 깊이가 있어 돼지고기 요리 등 중화요리에 어울린다.
과일 식초		와인 식초 등. 블루베리나 라즈베리 등의 과실	와인에 라즈베리 등의 과일 주스를 더해 과일의 풍미를 더한 향미 식초. 과일 샐러드 등의 드레싱이나 소고기의 향을 더할 때 제격이다.

소금

요리를 직업으로 삼기 전부터 소금에 대해 집착하는 편이었는데, 보슬보슬 새하얀 정제 소금은 되도록 피하고 깊은 맛을 내는 천연소금을 골라 쓰고 있어요. 양질의 올리브유나 식초보다도 진귀한 천연소금을 구매하면 '어떤 요리에 이 소금을 사용해볼까?' 상상하는 것만으로도 행복감을 느낄 정도로 소금을 사랑해요. 자연 소금에는 바다의 혜택을 받은 천일염과 지각변동으로 바닷물이 지층 내에서 결정화한 암염이 있는데, 나는 대부분의 요리에 한국을 비롯한 세계 각국의 천일염을, 샐러드나 나물 등에는 히말라야의 암염이나 아르헨티나 소금호수의 암염을 사용하고 있어요. 흔히 쓰이는 정제염은 바닷물을 화학적으로 결정화하므로 불순물이 거의 제거되어 염화나트륨이 99% 이상이지만 단순한 짠맛이랄까, 오직 짠맛만이 입 안에 맴돌지요.

한편, 천일염은 바닷물을 햇볕에 말리거나 평평한 가마솥에 삶아서 결정화하는 전통적인 방식으로 제조된 것을 말해요. 염화나트륨 외에도 마그네슘, 칼륨, 칼슘 등 바다의 선물이라 할 만한 미네랄 성분을 포함하므로, 정제염보다는 부드러운 풍미와 감칠맛이 묻어나지요. 잊지 말아야 할 것은 음식마다 소금을 구분해서 사용해야 한다는 거예요. '굳이 그런 귀찮은 일을 해야 할까!'라고 생각할지 모르겠지만, 조미료의 기본인 소금이야말로 재료가 가진 특색을 최대로 살려주기 때문에 요리를 자연스럽고 간단하게 그리고 건강하게 완성할 수 있어요. 특히, 지중해 요리는 소금, 올리브유, 식초가 기본이므로 소금은 엄격하게 선택해서 사용하는 게 좋아요. 다양한 종류의 소금을 구비하면, 그날의 기분에 따라 달리 쓸 수 있고, 같은 재료를 색다른 맛으로 즐길 수도 있어요.

* **똑똑한 소금 활용법**

만일 소금이 굳었다면, 프라이팬에 가볍게 볶아주면 다시 보슬보슬해져요. 무엇보다 습기를 피해 보관하는 것이 가장 중요해요. 짠맛은 재료에 빠르게 침투하기 때문에 설탕을 넣고 나서 소금을 넣는 순서를 지켜주세요. 가는 소금은 보슬보슬하므로, 드레싱이나 나물 등의 마무리 양념으로 적합해요. 또, 높은 온도에서 구워 잘 굳지 않는 소금은 고기를 구울 때 뿌리거나 직접 찍어먹으면 감칠맛이 강하게 느껴져서 풍미가 살아나지요. 왕소금은 채소의 밑간이나 육수, 국, 김치의 절임에 적합해요. 고기, 생선을 구울 때 소금을 뿌리면 표면을 굳혀 식재료의 맛 성분이 빠져나가지 않아요. 고기는 굽기 직전에, 생선은 30분 또는 1시간 전에 소금을 뿌려두면 수분과 비린내를 제거할 수 있어요. 생선이나 조개의 점액은 소금물로 씻어 제거하세요. 초록색 채소는 소금을 넣어 데치면 색이 선명하게 살아납니다. 소금의 양은 1L의 물에 1큰술이 기준입니다.

채소

식재료의 맛을 충분히 즐기기 위해서는 반드시 신선한 것을 사용해야 해요. 또 재료 간의 궁합도 고려해야 해요. 여기에서는 평소에 즐겨먹는 양상추, 깻잎, 양파, 셀러리, 토마토 같은 샐러드 재료의 설명은 생략하고, 지중해 연안 지역에서 주로 사용되는 샐러드 식재료를 소개할게요.

✱ 채소

파프리카 한국은 세계적인 파프리카 생산국이에요. 원래 고추의 재배품종인 파프리카를 재배하기 시작한 것은 헝가리로, 여전히 생산량이 가장 많지요. 영어로는 '스위트 페퍼Sweet pepper', 스페인어로는 '피멘톤 돌세Pimentón dulce'라고 불리는데, 피망이나 한국의 고추와 같은 가지과의 고추속 고추종이에요. 파프리카에는 비타민C와 카로틴이 풍부하게 함유되어 있어 피로 회복, 시력 유지, 피부미용에 좋아요. 파프리카를 고를 때는 색이 짙고 균일하며 광택이 있는 것을 고르세요. 꼭지 부분이 신선한지, 갈색으로 변하지 않았는지, 바싹 말라 있지 않은지도 확인하세요. 손으로 들어보았을 때 무게감이 있고 손가락으로 감싸 쥐었을 때 탄력이 느껴지는 것이 맛있어요. 보관할 때는 마르지 않도록 비닐봉지나 팩에 넣어 냉장고 채소칸에 두세요. 파프리카의 향기와 단맛을 가장 잘 이끌어낼 수 있는 요리법은 파프리카의 표면을 노릇노릇하게 구워 껍질을 벗긴 다음 질 좋은 올리브유에 절여 먹는 거예요.

가지 가지는 인도가 원산지인 가지과의 한해살이 풀로, 한국이나 일본에서 볼 수 있는 보라색 가지보다도 흰색이나 초록색 가지가 일반적이에요. 지중해 연안 지역 요리에 빠트릴 수 없는 식재료이지요. 가지에는 열을 내리는 효과가 있어 여름철 식재료로 안성맞춤이에요. 가지의 자줏빛은 나스닌Nasunine이라고 하는 폴리페놀의 일종인 안토시안계 색소예요. 강력한 항산화력으로 암이나 생활습관병의 원인이 되는 활성산소를 강력하게 억제하고 콜레스테롤의 흡수를 막아줍니다.

가지를 살 때는 표면이 탱탱하고 윤이 나는 것을 고르세요. 꼭지 부분에 있는 가시를 만져 보았을 때 아픔이 느껴지는 것이 신선해요. 또 들어보았을 때 묵직한 것을 고르세요. 가벼운 것은 속이 숭숭 비어 있어 맛이 없어요.

가지는 따뜻한 시기에 수확하기 때문에 냉장고에 보관하면 저온장해를 일으키면서 딱딱해집니다. 보관할 때는 봉지에 넣어 서늘하고 어두운 곳에 두고, 되도록 빨리 먹는 편이 좋아요.

가지를 조리할 때는 가지의 떫은맛 때문에 칼로 자르면 단면이 거뭇거뭇하게 변하므로 담수나 소금물에 담가 떫은맛을 제거합니다. 자른 면을 소금에 문질러 두었다가 떫은맛과 수분을 함께 짜내는 방법도 있어요.

기름과 궁합이 좋은 가지는 튀김과 볶음에 안성맞춤이지만, 기름을 지나치게 많이 쓰지 않도록 하세요. 조림을 할 때는 가지를 고온에서 한 차례 튀겼다가 요리하면 맛이 좋아질뿐더러 변색을 막고 나스닌이 손실되지 않아요. 불에 구워 먹거나 절임으로 먹어도 맛있어요.

호박 호박은 박과 호박속 덩굴성 식물인 과채류의 총칭이에요. 전 세계적으로 널리 재배되며, 품종도 아주 다양하지요. 한국에서는 주키니를 포함한 애호박과 단호박 그리고 늙은 호박으로 분류해요.

그 중에서도 단호박은 대표적인 녹황색 채소예요. 비타민B군을 대량 함유하고 있고 비타민C가 풍부하며, 카로틴은 시금치의 4배나 되지요. 칼륨, 비타민E가 많이 들어 있고 식이섬유가 풍부하여 변비 예방에도 좋아요. 이처럼 영양소가 풍부한 단호박은 찌거나 굽거나 조리거나 수프를 만드는 등 요리 방법도 각양각색이에요.

단호박을 고를 때는,

1 껍질 표면에 광택이 있는 것을 고르세요. 아랫부분이 초록색이 아닌 노르스름한 오렌지색으로 얼룩진 이유는 지면에 닿아 있어 햇빛을 보지 못했기 때문이에요. 이 부분의 색깔은 과육의 색과 거의 똑같으므로 오렌지색이 짙은 것을 고릅니다.

2 꼭지가 두껍고 절단면이 잘 말라서 코르크처럼 되어 있는 것, 꼭지 주변이 움푹 파인 것이 좋아요.

3 찌그러진 호박은 수분이 부족함을 뜻하므로 좌우가 대칭을 이룬 동그란 것을 고릅니다.

4 들어보았을 때 묵직한 것, 손톱으로 눌러 들어가지 않을 정도로 껍질이 단단한 것을 고르세요.

5 잘라서 파는 것을 구입할 때는 과육이 짙은 오렌지색으로 살이 두텁고 씨앗이 잘 익어 통통한 것을 고릅니다. 씨앗이 납작하면 덜 익었을 때 수확한 것으로, 단맛과 바슬바슬한 식감이 부족해요.

주키니 Zucchini 겉모양이 오이와 비슷한 주키니는 예부터 한국에서 먹어온 애호박과 같은 종류지만, 일반 호박과 달리 금사참외와 같은 여름 호박으로, 열매가 완전히 익기 전에 수확해요. 주키니 중에는 일반 호박처럼 둥글게 생긴 것도 있는데, 겉은 둥글지만 속

은 비어 있지 않으며 길쭉한 주키니의 절단면을 확대한 것처럼 되어 있어요.

백합과에 속해 여름에 열매를 맺는 주키니는 이탈리아 요리나 프랑스 요리에 일반적으로 쓰여요. 특히 남부 프랑스 요리인 라타투유, 이탈리아 요리인 카포나타에는 반드시 들어가지요.

영국과 프랑스에서는 '코제트 Courgette', 미국에서는 '여름 호박 Summer squash'으로 불리는 주키니에는 칼륨과 비타민C, 베타카로틴, 비타민B군이 들어 있어 몸속에서 대사를 촉진시키고 안티에이징에도 효과가 좋아요.

스페인이나 이탈리아 등 지중해 연안 지역에서는 숙성시키지 않고 신선할 때 먹어요. 일상적으로 자주 먹는 채소라서 그런지 요리 방법이 실로 다양해요. 오븐에서 구운 다음 소금과 올리브유를 뿌려 먹거나 생으로 피클을 담기도 하며, 다른 채소와 함께 튀기거나 절여 먹어요.

양배추 한국의 시장에서 가장 흔히 볼 수 있는 종류는 여름에 씨를 뿌려 겨울에 수확하는 품종으로 '겨울 양배추'라고 해요. 형태가 편평하고 색이 옅으며 단단하게 결구結球하지요. 오래 익혀도 쉽게 뭉크러지지 않아서 양배추롤 같은 찜 요리에도 쓰여요. 콜슬로로 먹거나 채를 썰어 돈가스에 곁들이면 달고 단단한 식감을 즐길 수 있어요.

일 년 내내 백화점이나 마트의 채소 코너에 진열되는 양배추에는 비타민C와 혈액 응고 촉진, 뼈의 형성에 도움을 주는 비타민K가 풍부해요. 그 중에서도 자색 양배추는 비타민K 함유량이 일반 양배추의 1.5배나 됩니다. 위장이 약해졌을 때 효과가 좋은 비타민U와 디아스타제도 풍부해서 육류 요리를 먹은 후 혹은 위장에 피로가 쌓였을 때 많이 먹으면 좋아요. 폴리페놀의 일종인 안토시아닌도 함유되어 있답니다.

그린 빈스 콩과 강낭콩속인 그린 빈스 Green bean는 남미가 원산지예요. 한국에서는 흔치 않은 여름 채소지만, 모로코에서는 초록색이 아닌 자주색이나 노란색도 있어요. 지중해 연안 지역에서는 평범한 식재료로, 그린 빈스를 살

짝 데쳐 샐러드에 넣어 먹어요. 미리 삶아둔 것을 볶거나 파스타에 넣기도 하고, 스테이크나 생선 요리에 곁들이기도 해요.

그린 빈스를 삶을 때는 먼저 딱딱한 꼭지 부근을 손으로 잘라냅니다. 반대편 끝의 수염 부분은 그대로 둔 채 삶아도 돼요. 콩 고유의 맛을 내고 빛깔을 선명하게 하려면 삶을 물 분량의 2%에 해당하는 소금(물 1리터당 소금 1큰술)을 넣어요. 삶는 시간은 요리에 따라 다른데, 샐러드로 먹을 때는 3분 정도가 적당해요. 끓어오르면 곧바로 찬물에 담가 색이 유지되도록 하고, 식으면 소쿠리에 건져주세요.

칼륨이 풍부해 부종에 효과가 좋고, 베타카로틴 함유량은 쌈채소인 레터스Lettuce보다 3배나 많아요. 초록색이 선명한 것, 알이 크지 않은 것을 고르세요. 낱알이 두껍고 큰 것은 지나치게 많이 자란 것으로, 심줄이 두꺼워서 딱딱해요. 또 갈색으로 변한 것도 피하세요. 그린 빈스는 그대로 두면 금방 숨이 죽으므로 봉지나 밀폐용기에 넣어 냉장고에 보관하세요.

아스파라거스　아스파라거스는 지중해 동부가 원산지인 백합과 식물로, 봄이 제철인 채소예요. 씨를 뿌린 후 2~3년 정도 지나야 수확할 수 있는데, 그 다음 10년간은 같은 줄기에서 차례로 싹이 돋아나요. 우리는 이 싹을 먹는 것이지요.

아스파라거스에는 그린 아스파라거스와 화이트 아스파라거스가 있어요. 이 둘의 차이는 품종이 아닌 재배방법이에요. 주변에서 흔히 볼 수 있는 그린 아스파라거스는 싹이 나면 그대로 햇볕에 노출시키는데, 엽록소가 풍부하게 생성되어 초록색이 돼요. 화이트 아스파라거스는 싹이 돋아나는 초봄에 흙으로 덮어 햇볕을 가린 채 길러요. 이른바 연백軟白 재배를 하여 식감이 부드럽고 단맛이 살짝 감돌며 풋내가 없지요. 하지만 영양 면에서는 그린 아스파라거스만 못해요.

아스파라거스를 구입할 때는 머리 부분이 벌어지지 않은 단단한 것을 고릅니다. 뿌리까지 탱탱하고 절단면이 신선한 것이 좋아요. 쪼그라들었거나 절단면이 갈색으로 변한 것은 피하세요. 아스파라거스는 잎사귀 채소와 마찬가지로 냉장고에 보관할 때는 마르지 않도록 봉지에 넣거나 랩으로 싸서 세워두세요.

아스파라거스에는 피로 회복에 효과가 좋고 머리 끝부분에는 혈관을 건강하게 하는 루틴이 들어 있어요.

지중해 연안 지역 요리에 필수인 아스파라거스는 샐러드, 볶음, 그라탱, 파스타 재료 등 다양한 요리에 이용됩니다. 단, 사용 전에 미리 삶아두어야 해요. 삶을 때 나이프나 대꼬챙이로 찔러 푹 들어갈 정도로 익으면 건져서 냉수에 담그세요. 한 뜸 식힌 후 곧바로 소쿠리에 건져 물기를 제거해주세요.

버터 레터스Butter Lettuce　'버터 레터스'는 일반적인 양상추와 마찬가지로 잎이 여러 겹으로 겹쳐 둥글게 속이 드는 헤드레터스에 속해요. 양상추가 아삭아삭한 식감으로 크리수프 헤드 Crisp head형 레터스라고 불리는 것에 비

해, 버터 레터스는 부드러운 식감으로 버터 헤드Butter head형 레터스라고 불립니다. 버터 맛이 나서 그런 이름이 붙은 게 아니에요.

버터 레터스에 홈메이드 반건조 토마토를 곁들이면 유명 셰프의 이탈리안 레스토랑에서 먹는 농후한 맛의 샐러드로 대변신합니다. 버터 레터스 대신 로메인을 사용해도 좋아요.

루콜라Rucola　지중해 연안이 원산인 십자화과의 허브로, 영어권에서는 로켓Rocket, 또는 아루굴라Arugula 라고도 불러요. 이탈리아에서는 큰 다발로 묶어서 팔지요. 한국에서도 이탈리아 요리가 본격적으로 보급됨에 따라 루콜라의 인기가 점차 높아지고 있어요. 루콜라의 어린잎과 줄기에는 참깨 같은 풍미와 물냉이 같은 매운맛이 있어서 생으로 먹는 음식에도 잘 어울리고, 버무리거나 볶을 때도 쓰여요.

치커리 Chicory

치커리는 유럽이 원산지인 국화과 채소예요. 이름처럼 쌉쌀한 맛이 강해서 일찌감치 바깥쪽 잎사귀로 안쪽을 감싸거나 모포로 덮어 속 부분이 햇빛이 닿지 않도록 해서 재배합니다.

치커리는 표면이 잘 마르는 한편, 수분이 지나치게 많으면 상하기 쉬워요. 따라서 젖은 신문지로 감싸 냉장 보관해야 해요. 칼로 자르면 절단면이 변색되므로 손으로 찢는 게 좋아요. 치커리의 칼륨은 나트륨을 배출하여 고혈압에 효과가 있고, 장시간 운동에 따른 근육 경련을 방지해요. 칼슘도 함유되어 있어 뼈를 튼튼하게 해요. 초록색 부분에는 베타카로틴이 풍부하므로 면역력 강화를 위해 충분히 섭취하세요.

치커리는 흰 부분은 그냥 먹어도 맛있어서 대부분 샐러드로 이용돼요. 뻣뻣한 잎은 다른 잎사귀 채소와 섞어 샐러드로 만들면, 그릇에 담아낼 때 옆으로 퍼지지 않고 봉긋하게 유지되어 세련된 모양으로 완성되지요. 초록빛이 짙은 딱딱한 부분은 쓴맛이 매우 강하므로 끓는 물에 데쳐 다져서 수프에 넣어요.

로메인 레터스

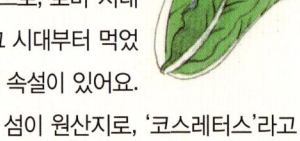

로메인 레터스도 상추 속에 속하는데 잎사귀가 둥글게 말리지 않고 똑바로 자랍니다. '로메인'이라는 단어는 '로마의'라는 뜻으로, 로마 시대에 자주 먹었던 채소. 그 시대부터 먹었던 채소다 등 여러 가지 속설이 있어요. 원래는 에게 해의 코스 섬이 원산지로, '코스레터스'라고도 해요.

겉보기에는 배추와 양상추를 한데 섞어 반으로 나눈 것 같지만 베타카로틴이 풍부한 전형적인 녹황색 채소예요. 잎사귀는 비교적 짙은 초록색으로 아삭아삭해서 볶아 먹어도 좋아요.

로메인 같은 레터스류는 잎사귀가 싱싱하고 건강한 것을 골라야 해요. 레터스는 사용할 분량의 잎을 몇 분간 물에 담가두면 아삭아삭해지는데, 그 후에 뜯어 먹으면 영양분이 달아나지 않아요.

로메인 레터스라고 하면 시저 샐러드를 떠올릴 정도로 시저 샐러드에는 로메인 레터스가 필수예요. 항간에는 시저 샐러드라는 이름이 율리우스 카이사르(줄리어스 시저)가 즐겨 먹던 샐러드라는 데서 유래됐다는 미심쩍은 이야기가 떠돌고 있는데, 사실 시저 샐러드는 1924년에 미국에서 태어났어요. 이탈리아계 이주민 요리사 시저(체자레) 카르디니 Caesar Cardini가 처음 만들었으며, 그의 이름 혹은 가게 이름에서 따서 그리 불린다고 해요.

새싹채소

새싹채소는 발아한 지 10~30일 이내의 '아기 채소 잎사귀'를 총칭하는 말이에요. 시중에는 여러 종류가 섞인 샐러드용 새싹채소가 유통되고 있는데, 특별히 정해진 종류는 없고 색깔이 좋은 새싹채소를 섞어서 써요.

둥근 것, 잎사귀가 뾰족뾰족한 것, 불그스레한 것, 짙은 초록색 등 형태도 색도 다양하지만 미네랄을 충분히 섭취할 수 있다는 점에서 인기가 많아요. 새싹채소로 주로 쓰이는 채소는 시금치, 근대, 브로콜리, 루콜라, 치커리, 로메인 레터스, 마셰mâche, 비트, 겨자잎 등입니다. 잎사귀가 붉은 비트나 근대는 색의 배합을 좋게 하므로 둘 중 하나를 포함하는 경우가 많아요.

새싹채소는 샐러드용으로 판매되지만, 어패류 마리네이드 등 냉채에 곁들여 장식하거나, 토마토 소스 파스타나 피자에 생채소 그대로 토핑하기도 해요.

크레송 Cresson

아브리나과 물냉이인 크레송은 유럽이 원산지인 수생식물이에요. 번식력이 매우 왕성하며 깨끗한 샘물 주변이나 시냇가에 모여 자라지요. 한국 시장에서 유통되는 크레송은 대부분 재배된 것입니다. 크레송은 3~5월이 제철인 봄채소로, 상큼한 풍미에 무와 비슷한 매운맛이 나요. 크레송의 매운맛은 무에도 들어 있는 시니그린Sinigrin이라는 성분에서 비롯되는데, 이뇨작용을 비롯해 식욕 증진, 항균, 혈액 산화방지 작용을 해요.

일반적으로 육류 요리에 곁들이는 채소로 가지째 내는 크레송은, 파슬리와 마찬가지로 장식으로 여겨 먹지 않고 남겨두는 사람들이 많아요. 이파리 부분을 뜯어 샐러드에 섞거나 살짝 데쳐 나물로 해먹으면 맛있어요.

크레송을 고를 때는 이파리가 짙은 초록색으로 줄기가 두껍고 곧게 뻗은 것을 선택하세요. 휘어진 것은 수확한 지 오래된 것이에요. 보관할 때는 젖은 키친타월 등으로 싸서 봉지에 넣어 세워서 채소칸에 둡니다.

근대Swiss chard　　한국에서 이른 시기부터 재배되어온 근대는 초록색이지만, 원래는 빨강, 노랑, 분홍은 물론이고 노란색, 하얀색 근대도 있어요. 미국이나 유럽에서는 샐러드 재료로 자주 사용하고, 어린잎은 새싹채소로 쓰입니다. 더위에 강해서 한겨울인 1, 2월을 제외하고는 언제나 재배와 수확이 가능해요.

근대에는 비타민E가 풍부하게 함유되어 있는데 강력한 항산화작용으로 활성산소를 억제해요. 체내 불포화지방산의 산화를 방지해 동맥경화나 심근경색 등 생활습관병 예방에도 효과가 좋지요. 칼슘이나 마그네슘, 철분, 칼륨 등이 풍부하여 고혈압 예방과 한여름 더위에도 좋습니다.

근대를 고를 때는 잎사귀 색이 짙고 선명하며 싱싱한 것을 고릅니다. 잎자루가 지나치게 자란 것은 딱딱한 경우가 많으니 잎이 어린 것을 고르세요. 보관할 때는 마르지 않도록 비닐봉지나 팩에 넣어 냉장고의 채소칸에 넣어둡니다. 근대가 숨 쉴 수 있도록 봉지 입구를 느슨하게 해주세요.

근대는 기름과 궁합이 좋은데, 카로틴 흡수를 촉진시켜요. 유럽에서는 잎자루가 흐물흐물할 정도로 삶아 올리브유를 듬뿍 뿌려 따뜻한 샐러드로 만들어 먹어요.

푸아로 파　　프랑스어로는 '푸아로Poireaux', 영어로는 '리크Leek'라고 하는 이 채소는 한국에서는 일부 특수채소를 기르는 농가에서만 소량으로 생산하고 있으며, 호텔 등에서는 수입품을 씁니다.

일반적인 대파와 달리 줄기가 두껍고, 거의 편평하며 두터운 잎을 가지고 있어요. 특히 잎의 모양이 둥근 튜브형이 아닌 V자형으로, 초록색 부분을 보면 그 차이를 알 수 있어요. 맛과 향은 대파보다 부드러운데, 파를 좋아하지 않는 사람들도 채소로 먹을 수 있을 정도예요. 살짝 데치면 아삭아삭한 식감이 있고 단맛이 나는데, 수프로 만들거나 드레싱에 버무려 샐러드에 넣기만 해도 푸아로 파의 단맛을 즐길 수 있어요.

파는 피로 회복과 냉증 등에 효과가 좋아요. 다졌을 때 나오는 자극적인 냄새와 매운맛 성분은 '황화알릴'로, 강력한 향균·진정 효과가 있어요.

비트Beet　　비트는 지중해 연안이 원산인 명아주과 근대 속 뿌리채소예요. 설탕의 원료인 사탕무와 같은 종류로, 매우 달아요. 요리교실에서는 샐러드에 악센트를 줄 때 자주 사용하는데, 쪄낸 비트를 맛본 학생들은 "우와, 찐 옥수수 같아요!" 하며 놀라곤 하지요.

비트는 주로 뿌리 부분을 먹어요. 비트의 어린잎은 초록색에 붉은 줄기로, 색감이 좋아서 새싹채소로도 이용돼요. 다 자란 잎사귀는 아주 못 먹는 것은 아니지만 특유의 매운맛 때문에 잘 먹지 않습니다.

비트는 가볍게 손바닥에 올려놓을 수 있을 정도의 크기가 좋아요. 지나치게 크면 속이 숭숭 비어 있을 때가 많기 때문에 묵직한 느낌이 드는지, 속이 꽉 찼는지 확인해야 해요. 되도록 단단한 것, 잎이 붙어 있을 때에는 잎사귀 부분이 싱싱한 것을 고르세요. 보관할 때에는 팩에 넣어 냉장고에 두세요. 일주일 정도 보관할 수 있어요. 비트를 냉동보관할 때는 통째로 삶아 식힌 후 껍질을 벗기고, 적당한 크기로 잘라 랩을 깐 넓적한 접시에 펼쳐서 얼리면 돼요. 얼린 비트를 밀봉봉지에 담아 냉동고에 보관하면 돼요.

이탈리안 레스토랑에 가면 산뜻한 분홍빛 피클이 나올 때가 있습니다. 비트는 껍질을 벗기면 생으로 먹을 수 있기 때문에 얇게 썬 다음 예쁜 줄무늬를 살려 피클로 담거나 샐러드에 장식하기도 해요. 삶을 때 껍질째 삶으면 색이 달아나는 것을 막을 수 있어요. 비트는 그 자체에서 단맛이 나오므로 조리할 때 간을 보면서 조미료를 넣어야 해요.

비트를 미리 준비할 때는 껍질째 삶아요. 커다란 냄비에 물을 조금 붓고 식초를 살짝 넣은 후 비트를 넣고 불에 올립니다. 삶는 시간은 비트의 크기에 따라 다른데, 물이 끓기 시작하면 20~40분 후에 대꼬챙이로 찔러 빡빡하게 들어갈 정도가 되면 삶은 물에 담가 식히세요. 미지근해졌다 싶을 때 껍질을 벗깁니다. 껍질은 손으로도 잘 벗겨지지만, 키친타월로 하면 훨씬 수월해요. 손질한 비트는 소금과 후추로 양념하거나 올리브유만 뿌려도 맛있어요. 다른 뿌리채소와 함께 오븐에 구워 소금, 후추, 올리브유를 뿌려 먹기도 해요.

비트는 요리교실 겨울 샐러드의 단골 식재료예요. 메인 요리에 곁들여도 좋고, 비트의 선명한 빨간색을 이용해 수프로 만들어도 맛깔스럽지요. 잎사귀를 다지거나 뿌리를 깍둑썰기해서 넣기만 해도 빨간 수프를 만들 수 있으며, 포타주로 만들면 수프의 색이 굉장히 짙어집니다. 여기에 우유나 생크림을 충분히 넣어 섞어주면 분홍색 포타주가 완성돼요.

콜라비 Kohlrabi

콜라비는 십자화과 양배추의 변종으로, 순무처럼 자란 비대한 줄기를 먹어요. 원산지는 지중해 북쪽 해안 지방으로, '콜라비'라는 말은 독일어 Kohl양배추와 rabi순무의 합성어로, '순무 양배추'라는 뜻이에요. 지중해 연안 태생인 만큼 온화한 기후를 좋아해서 한국에서는 주로 온난한 제주도에서 재배되고 있어요.

콜라비는 큰 것과 작은 것, 일반적인 초록색 외에 적자색이 있어요. 적자색은 껍질을 벗기면 초록색 콜라비와 마찬가지로 하얗습니다. 식감은 순무나 무와 비슷하고, 맛은 브로콜리나 양배추와 비슷해요. 비타민C가 풍부한 콜라비의 식감을 즐기고 싶다면 채칼로 아주 얇게 썰어 양배추, 오이와 함께 와인 비니거, 올리브유로 버무린 샐러드를 만들거나, 비트처럼 한입 크기로 썰어 오븐에 구워 먹으면 맛있어요. 볶음이나 조림에 넣어도 좋은데, 껍질이 단단해서 익혀도 질기므로 껍질을 두껍게 벗겨낸 후 조리하면 돼요.

콜라비의 크기는 품종에 따라 기준이 조금씩 다르지만, 직경 6~10cm 정도가 적당해요. 둥글고 뚱뚱해진 부분의 표면이 탱탱하고 싱싱한 것, 뿌리에서 자란 줄기와 잎사귀가 싱싱한 것을 고르세요. 너무 자란 콜라비는 바람이 들어 딱딱할 때가 많고, 가벼운 것은 수분이 적고 바람이 들기도 하므로 들어보았을 때 묵직한 것이 좋아요. 보관할 때는 잎사귀 채소와 마찬가지로 마르지 않도록 젖은 신문지에 싸서 냉장고에 둡니다. 겨울에는 난방하지 않은 방에 두어도 괜찮아요.

에샬로트 Échalote

프랑스 요리에 없어서는 안 될 식재료인 에샬로트는 푸아로 파처럼 일부 농가에서 재배하기 때문에 한국에서는 구하기가 쉽지 않아요. 대개 수입으로 연중 유통되고, 에샬로트의 제철은 양파와 같습니다.

에샬로트의 모양은 백합과 양파의 변종으로 작은 양파같이 생겼는데, 냄새가 자극적이지 않고 맛은 양파처럼 달지도 않아서 향미 채소로 쓰여요. 양파와 마찬가지로 구근을 먹고 건조한 얇은 껍질에 싸여 있으며, 껍질 안쪽의 표면은 옅은 보라색입니다. 하얀 속은 붉은 양파와 매우 비슷해요.

양파는 에샬로트를 포함해 매운맛이 나는 양파와 단맛이 나는 양파로 크게 나눌 수 있어요. 흔히 썰면 눈물이 나는 것이 매운맛이 나는 양파예요. 황양파류, 백양파류, 붉은 양파류, 소양파류 그리고 유럽산인 에샬로트 등이 있지요. 특히 황양파는 뭉근히 가열하면 매운맛이 단맛으로 변하므로 조림 요리에 적절해요.

얼핏 양파는 비타민이나 미네랄 등의 영양성분이 많아 보이지 않지만, 당질로 변하는 탄수화물을 비교적 많이 함유하고 있습니다. 양파의 매운 맛과 향, 눈물을 유발하는 성분은 황화알릴로, 휘발성이 매우 강해 가열하면 다른 물질로 변해요. 물에 잘 녹아 눈물을 흘리게 만들지만, 육류나 어류의 잡내를 확실하게 잡아준답니다. 또한 소화액 분비를 촉진시키고 신진대사를 활성화하며, 피를 맑게 하므로 고혈압, 당뇨병 등에도 탁월한 효과가 있어요.

양파는 종류에 따라 고유의 맛이 다르므로 경우에 따라 적절히 선택해 요리해보세요.

아티초크Artichoke, 흰꽃엉겅퀴

서양에는 아티초크가 두 종류 있어요. 꽃꽂이와 지중해 요리에 쓰이는 '글로브 아티초크Globe artichoke'와 감자처럼 생긴 '이스라엘 아티초크'가 그것이지요. 아티초크는 봉오리를 레몬과 함께 삶거나 쪄서 먹어요. 바깥쪽 꽃잎부터 뜯어서 손질하면 되는데, 꽃잎의 색깔이 하얀 부분은 부드러워서 먹을 수 있어요.

칼륨과 미네랄이 풍부한 아티초크를 고를 때는 부드럽게 부풀고 둥그스름한 것, 들어보았을 때 묵직한 것을 고르세요. 꽃받침이 확실히 오므리고 있는지, 전체적으로 초록색이 선명하며 줄기의 절단면이 신선한지도 확인하세요.

보관할 때는 마르지 않도록 비닐봉지나 팩에 넣어 냉장고 채소칸에 넣어둡니다. 장기간 보관해야 할 경우에는 아티초크의 꽃받침을 벗겨내고 먹을 수 있는 부분만 남겨 와인 비니거와 화이트 와인, 약간의 소금과 함께 냄비에 넣어 뚜껑을 덮고 찝니다. 어느 정도 익으면 아티초크를 꺼내 소쿠리에 받쳐 물기를 뺀 후, 월계수 같은 허브와 함께 병에 넣어 올리브유를 채운 후 뚜껑을 덮어 뜨거운 물에 펄펄 끓이면 피클처럼 먹을 수 있어요.

아티초크는 미리 삶아둔 것을 튀기거나 딥소스로 만드는 등 지중해 요리에서는 빠뜨릴 수 없는 식재료 중 하나예요. 유감스럽게도 한국에서는 손쉽게 구할 수 없어서 여기에서는 아티초크 레시피는 다루지 않았어요.

펜넬Fennel, 회향

펜넬은 미나리과로 지중해 연안이 원산지이며, 고대 이집트와 고대 로마에서 재배됐다는 기록이 있는 역사상 가장 오래된 허브계 작물 중 하나입니다. 현재는 인도와 중국, 이집트에서 주로 생산되고 있어요.

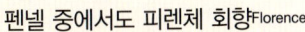

펜넬 중에서도 피렌체 회향Florence fennel은 밑동이 둥글게 비대해지는데 그 부분을 식용으로 하며, 이탈리아에서는 피노키오Finocchio라고 불리는 친숙한 채소예요.

펜넬 향의 주성분은 아네톨Anethole로, 기침을 멎게 하는 효과가 있어요. 예로부터 유럽에서는 모유를 잘 나오게 하고 간 기능 장애를 개선하는 효능이 있다고 하여 허브차로도 마셨어요. 밑동 부분에도 같은 성분이 다량 포함되어 있고, 소화를 촉진하므로 이탈리아에서는 과식을 하면 "피노키오를 갉아 먹어라"라고 한대요.

펜넬의 밑동 부분은 생으로도 먹어요. 셀러리와 비슷한 특유의 향이 강해서 싫어하는 사람도 있지만 익히면 향이 부드러워져요. 조리할 때에는 섬유결과 직각이 되게끔 썰면 먹기 편해요.

지중해 연안 지역의 요리에는 펜넬의 밑동을 올리브유를 뿌려서 익히거나 오븐에 구워서 혹은 샐러드로 먹어요. 줄기와 잎은 국에 넣어 먹거나 잡내를 제거하는 효과가 있어서 닭고기와 생선 요리의 향신용 채소로도 쓰입니다. 아니스Anise(미나리과 한해살이풀)의 향기가 나서 술에 향을 더할 때도 쓰여요.

오크라

아티초크, 펜넬과 마찬가지로 한국에서는 손쉽게 구할 수 없는 채소 중 하나예요. 오크라의 고향은 아프리카로, 온대에서 열대까지만 재배할 수 있는데다가 서리가 조금만 내려도 시들어버려 한해살이풀로 재배되고 있어요. 인도와 파키스탄의 카레, 미국의 남부지방의 케이준Cajun 요리, 지중해 연안 아프리카의 모로코와 튀니지에서 샐러드와 조림 요리에 널리 사용되고 있어요.

오크라는 손마디 크기로 자르면 끈적끈적한 점액질이 나오는데, 이는 식이섬유로 콜레스테롤을 억제해요. 또한 비타민A, 미네랄, 칼슘 등이 풍부하게 들어 있어 여름에 더위 퇴치에 효과가 있어요.

얼핏 풋고추처럼 생긴 오크라는 굽거나 살짝 데쳐서 혹은 생으로 먹는 등 취향에 따라 조리해서 먹을 수 있어요.

오크라를 고를 때는 가능한 짙고 선명한 초록색의 것을 고르세요. 또한 솜털이 확실히 남아 있는 게 좋아요. 반대로 꼭지의 단면이 변색됐거나 부분적으로 갈변 된 것은 오래된 것일 수 있으므로 되도록 피합니다.
오크라는 따뜻한 장소에서 재배되는 채소이므로 5℃ 이하에 보관하면 상하기 때문에 냉장고에 넣지 마세요. 신문지에 싸서 어둡고 서늘한 장소에 보관하세요.
지중해 나라들 중에서도 중동이나 그리스 요리에 자주 쓰이며, 주로 마늘과 양파, 토마토와 함께 샐러드로 만들어 먹어요. 한국에서는 기후 탓인지 생소한 탓인지 생오크라를 본 적이 없어요. 오크라를 구입하려면 이태원이나 연남동에 있는 외국 식자재를 취급하는 가게 혹은 가락시장의 특수채소를 파는 곳에서 냉동 오크라를 주문해야 해요.

앙디브 Endive

앙디브는 유럽이 원산지로, 원래 쓴맛이 강한 식물이에요. 하지만 햇볕을 피해 하얗게 기르면 맛있게 먹을 수 있답니다. 가장 자주 먹는 부위는 싹 부분이에요. 시큼한 샐러드나 절인 어패류를 넣은 전채요리, 따끈한 채소 요리에 모두 어울려요. 오븐에 구워 올리브유을 뿌리면 쓴맛과 단맛을 동시에 느낄 수 있어요.
앙디브의 친척뻘인 채소로는 샐러드 치커리라고 하는 리프 치커리와 붉은빛을 띠는 이탈리아의 라디키오 Radicchio가 있어요.
앙디브는 잎사귀 끝이 부드럽고 하얀 것을 고르세요. 갈색으로 변색된 부분이 있으면 오래된 거예요. 만져봤을 때 여문 느낌이 들고 약간 묵직한 것이 좋아요. 아래쪽의 꼭지 절단면이 갈색으로 변색되지 않고 신선한지도 확인하세요. 보관할 때는 잘 마르고 시들기 쉬우므로 랩으로 잘 싸서 냉장고에 두세요.

래디시 Radish

래디시는 무의 아릿한 매운맛과 총각무의 단맛이 동시에 나요. 둥그스름한 모양 때문에 순무처럼 보이지만 실은 서양무의 일종이지요. 래디시 중에는 붉고 둥근 것뿐만 아니라 가늘고 긴 것, 미니 스타일의 하얀 무같이 생긴 것도 있어요.
래디시는 무와 마찬가지로 디아스타아제 Diastase라고 하는 녹말 분해효소가 다량 함유되어 있어요. 전분에 무즙을 섞으면 분해되어 당으로 변하는데, 이는 소화를 돕고 위산과다, 식체, 가슴쓰림 등에 효과가 있습니다. 비타민C와 E, 칼륨, 칼슘, 베타카로틴도 많이 들어 있어요.
래디시를 고를 때는 잎사귀가 싱싱하고 둥근 뿌리 부분이 선명한 것이 좋아요. 래디시로 여러 가지 모양을 내고 싶다면 뿌리 모양이 예쁜 것을 고르세요.
보관할 때는 물에 적신 키친타월에 싸서 지퍼백이나 밀봉용기에 넣어 냉장고에 둡니다. 잎사귀는 농약을 치지 않으면 금세 벌레가 생길 정도로 부드러우므로 잎 부분과 뿌리 부분을 따로 보관하세요.
최근에는 한국에서도 빨간 래디시를 볼 수 있는데, 주로 피클이나 샐러드에 넣어 먹어요. 우리가 배추나 오이를 된장에 찍어 먹듯이 프랑스에서는 래디시를 소금이나 버터에 찍어 먹습니다. 지중해의 여러 나라에서도 단맛을 즐기기 위해 요구르트 소스나 홈메이드 마요네즈에 버무려 먹곤 해요.

과일

대추야자, 무화과, 오렌지, 멜론, 수박, 복숭아 등이 지중해의 대표적인 과일이에요. 기원전 6000년대부터 이미 재배가 시작됐다고 하는 대추야자는 코란과 성서에도 등장합니다. 영어로는 '데이트Date'라고 하는데, 예부터 동지중해 지역에서는 매우 중요하게 여겨졌어요. 특히 사막에서도 잘 자라 유목생활을 하는 아랍인들이 주식으로 삼기도 했어요. 무화과는 한국에서도 여름이 끝나갈 무렵이면 시장이나 마트에 나오기 시작합니다. 대부분 지중해 지역에서 수확되며, 요리에도 폭넓게 사용되는 식재료이지요. 스페인, 이탈리아, 프랑스의 지중해 지역의 멜론은 크기나 형태, 색깔이 다양해요. 멜론이 출시되면 수박, 복숭아와 함께 올리브유로 버무려 과일 샐러드를 만들어 먹습니다. 한국에서는 7월이 되면 복숭아와 천도복숭아가 사람들의 입을 즐겁게 하는데, 스페인, 프랑스, 이탈리아에서도 여름이 되면 분홍빛 복숭아뿐만 아니라 천도복숭아, 황도복숭아, 백도복숭아가 인기예요. 오렌지는 1월경 수확되는 스페인의 달고 과즙이 많은 발렌시아 오렌지와 시큼한 세빌 오렌지가 유명해요. 지중해 연안 지역에서 수확되는 오렌지는 요리에 향을 더하거나 소스의 재료로 쓰여요.

유제품

치즈 지중해 지역의 치즈는 종류가 다양한데, 숙성기간이 긴 하드치즈 중에는 산양젖, 양젖, 물소젖(이탈리아 모차렐라의 원료)을 전혀 혹은 거의 숙성시키지 않은 채 식용으로 쓰는 프레시 치즈와 파르메산 치즈가 있어요. 그 중에서 프레시 치즈는 커드(응유, 우유에 산酸 또는 레닌이나 펩신 따위를 넣었을 때 생기는 응고물)를 그냥 잘라놓은 것, 크림을 첨가한 것, 훼이를 끓인 것, 소금물에 담가 발효를 중지시킨 채 보존한 것, 견과류나 과일을 섞은 것 등이 있어요.

지중해 연안 지역에서 치즈는 술안주나 디저트보다 요리 재료로 더 많이 쓰여요. 이탈리아의 생모차렐라 치즈, 파르메산 치즈, 페코리노 로마노Pecorino romano, 리코타 치즈, 그리스의 페타 치즈, 동지중해 연안국의 대표 치즈인 할루미Halloumi 치즈 등은 샐러드 재료로 쓰인 답니다.

요구르트 지중해 요리에 쓰이는 요구르트는 그리스 요구르트를 말합니다. 그리스 요구르트는 일반 요구르트와 달리 크림치즈가 섞인 것처럼 빡빡한데, 이는 요구르트의 수분을 제거하는 제조법 때문입니다. 제조 과정에서 수분과 함께 훼이도 제거해 크리미한 식감과 농후한 풍미를 즐길 수 있지요. 수세기 전부터 만들어지기 시작해서 그리스를 비롯한 터키, 중동과 근동 지역에서 애용되고 있어요.

훼이를 제거한 그리스 요구르트는 지방분이 적어서 소화가 잘돼요. 유산균이 우유의 유당락토오스을 분해하기 때문에 우유를 마시기만 하면 설사를 하는 유당불내증인 사람들도 소화불량 없이 우유의 영양분을 흡수할 수 있지요.

단백질도 풍부하여 면역력 유지, 비만과 부종 방지에 효과가 있어요. 샐러드드레싱이나 딥소스의 재료로 이용되며, 수프의 조미료로 사용되기도 해요.

콩류

지중해 국가들은 봄을 알리는 잠두horse bean나 청완두green peas를 살짝 삶아 샐러드나 스튜에 넣어 먹습니다. 강낭콩은 한국에서는 쌀과 함께 밥으로 지어먹지만, 흰색 계통의 강낭콩은 스페인의 냄비 요리나 프랑스의 찜 요리에 사용되지요. 병아리콩과 렌즈콩은 지중해 요리에 흔히 사용돼요.

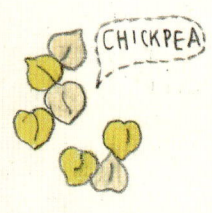

병아리콩Chick 병아리콩은 콩알의 배꼽 근처에 새의 부리같이 생긴 돌기가 있어서 마치 병아리 같이 보여요. 중국에서도 병아리를 뜻하는 계아콩鷄兒豆으로 불리는데, 아무래도 병아리와 닮은 콩의 모습에서 이름이 생겨나지 않았을까요?

병아리콩은 콩알 크기가 10~13mm 정도로 껍질이 살구 빛인 대립종Kaburi과 7~10mm 정도로 짙은 갈색을 띠는 소립종Desi이 있어요. 원산지는 히말라야 서부를 포함한 서남아시아 지역으로 추정됩니다. 지중해 연안 지역의 요리에 샐러드 재료로 자주 쓰여요. 말랑말랑한 식감이 샐러드 채소와 잘 어울린답니다.

렌즈콩Lentil 렌즈콩은 직경 4~8mm, 넓이 2~3mm로 형태가 편평하고 볼록렌즈같이 생겼어요. 콩의 껍질은 갈색, 연갈색 외에도 암갈색, 흑갈색 등이 있으며, 껍질을 벗기면 노란색, 붉은 주황색의 알맹이가 나옵니다.

기원은 메소포타미아 지역이며, 점차 서방의 이집트, 그리스, 로마로 퍼져 나갔다고 해요. 특히 성서에 처음 등장한 콩으로, 구약성서에 장자의 권리와 렌즈콩 죽을 교환하는 이야기가 실려 있어요.

후세에 발명된 '렌즈'를 명명할 때 생김새가 볼록렌즈를 닮은 '렌즈콩'에서 이름을 빌렸다고 해요. 세계적으로 렌즈콩의 생산량은 300만 톤 정도로, 주요 생산국은 인도, 터키, 캐나다 순입니다. 형태가 편평해서 단시간에 익으므로 물에 불리거나 미리 삶아둘 필요가 없어요. 껍질째 파는 것도 껍질을 벗겨 가공한 것 말고도 널리 유통되고 있어요. 카레, 수프, 샐러드, 사이드 디시 등에 이용됩니다.

어패류

지중해 요리의 식재료로 육류보다 어패류가 더 인기가 있어요.
시칠리아의 참치나 지중해의 농어, 노랑촉수, 광어, 도미 등,
오징어, 문어, 홍합·바지락 같은 조개류, 게, 새우 등 한국의
생선가게에서도 흔히 볼 수 있는 재료로 파에야나 부야베스 등의 요리를
만들어 먹지요.
이탈리아에서는 샐러드 재료로 어패류를 자주 사용해요.

육류

고기 요리의 사이드 디시나 전채요리의 샐러드가 아닌, 육류를 주재료로 한 샐러드는 그 자체로
포만감이 드는 호화로운 음식입니다. 다만 지중해 스타일의 샐러드는 기본적으로 비네거,
레몬즙, 올리브유, 소금, 후추를 베이스로 한 드레싱을 뿌리므로, 강하게 양념한 드레싱이
어울리는 육류 샐러드는 그다지 인기가 없어요. 다만, 스페인의 하몽이나 이탈리아의 프로슈토
햄은 지중해 스타일의 육류 샐러드에 자주 등장합니다.

하몽 Jamón '하몽'은 소금에 절인 돼지고기를 장기간 매달아 저온건조한 햄이에요. 돼지 사육에 손이 많이 가고 출하될 때까지 숙성기간이 길어 꽤 비싼 식재료입니다. 또한 도토리만 먹인 돼지, 도토리와 사료를 먹인 돼지, 도토리를 전혀 먹이지 않은 돼지로 등급을 엄격하게 나누지요.
이베리아 반도 원산의 흑돼지인 이베리코 돼지로 만드는 것을 '하몽 이베리코'라고 하고, 이베리코 돼지 중에서도 도토리 열매를 먹여 기른 것의 뒷다리를 2~4년간 매달아 숙성시킨 햄은 '하몽 이베리코 데 베요타'라고 해요.
반면 일반 돼지의 뒷다리로 만든 것을 '하몽 세라노'라고 하며 여러 곳에서 생산하기 때문에 가격이 저렴해요. 최근에는 한국에서도 백화점이나 마트 등에서 하몽 이베리코와 하몽 세라노 슬라이스를 50g에 1만 원 내외로 구입할 수 있어요.

프로슈토 Prosciutto 훈제하지 않은 이탈리아식 생햄을 뜻해요. 가열하지 않은 것을 프로슈토 크루도 Prosciutto crudo, 가열한 것은 프로슈토 코토 Prosciutto cotto로 구분합니다. 돼지 다리 살을 소금에 절인 후 건조한 곳에 매달아 숙성시키는데, 집에서 만들 때는 난로 근처에 매달아 훈제하기도 합니다. 보통 익히지 않고 얇게 썰어 그대로 먹거나 다른 식재료와 함께 먹어요. 무화과, 멜론과 함께 샐러드의 재료로 쓰여요.

곡류

지중해 연안에서는 식사 때 밀가루로 만든 빵을 곁들여 먹어요. 또한 메인 요리의 사이드 디시나 전채 요리에 쓰이거나 이탈리아의 리조또, 스페인의 파에야, 터키를 비롯한 동지중해 지역의 필라프처럼 곡류가 메인이 되는 경우도 많습니다. 우리처럼 쌀도 먹는데 주식은 아니더라도 쌀 샐러드, 쌀을 삶아 라구 Ragù 소스와 함께 둥글게 뭉치는 라이스 고로케 아란치니 Arancini, 우유로 달게 끓이는 디저트처럼 식재료의 하나로 폭넓게 이용되고 있어요.

곡류 식품 중에는 밀을 쪄서 말린 후 거칠게 빻은 불가밀 Bulgur wheat 이 있는데, 식물섬유, 비타민B, E 등이 풍부해요. 지중해식 식사법의 오랜 전통이 남아 있는 그리스에서는 불가밀을 일상식으로 먹어요. 터키의 필라프도 쌀 대신 불가밀을 쓴답니다.

지중해 연안의 북아프리카에서 시작되어 중동, 프랑스, 이탈리아 등지로 퍼져나가 지금은 세계 각지에서 폭넓게 사랑받고 있는 쿠스쿠스는, 경질밀의 일종인 듀럼가루 세몰리나 Semolina (거칠게 빻은 밀가루)를 물과 함께 찐 후 약 1mm 크기로 뭉쳐서 소보로 상태로 만든 거예요. 이 알갱이를 주식으로 하여 고기나 수프류와 함께 먹는 요리도 쿠스쿠스라고 하지요. 미국에서는 파스타의 일종으로 인식되고 있는데, 일본을 포함한 많은 나라에서는 곡류와 같이 취급하는 경우가 많아요. 쿠스쿠스와 불가밀은 이미 찐 상태로 시중에서 구입할 수 있어요. 뜨거운 물을 붓고 5~10분만 기다리면 다양하게 조리하여 먹을 수 있답니다.

견과류

스페인과 이탈리아를 비롯해 아랍 문화의 영향을 강하게 받은 지중해 연안국들은 아몬드를 분말로 만들어 수프나 과자를 만들 때 이용해요. 지중해 지역의 시장에 가면 겉껍질이 초록색인 신선한 아몬드가 산처럼 쌓여 팔리고 있습니다. 중동 지역이 원산인 초록색과 보라색의 조화가 산뜻한 피스타치오도 지중해 요리에서 약방의 감초 같은 식재료예요.

호두는 한국에서도 친숙한 식재료로, 지중해 지역에서는 잘게 썰어 샐러드에 뿌리거나 과자의 재료로 이용합니다. 프랑스에서는 샐러드드레싱에 호두 오일을 사용해요. 잣은 이탈리아 요리를 비롯하여 스페인, 프랑스 요리에도 자주 등장하는 바질 페이스트에 반드시 들어갑니다. 스페인에서는 닭고기 요리나 오징어 조림 요리 등에 쓰여요.

지중해 연안 지역에서는 샐러드의 포인트로 견과류를 듬뿍 넣어요. 드레싱의 산미를 부드럽게 완화시키고 생채소, 콩, 곡류와 함께 섞으면 풍미를 한층 높일 수 있어요.

허브류

거의 모든 허브의 원산지는 지중해 연안국들로, 지중해 요리에 반드시 들어가지요. 크리스트교 이전의 유럽 종교와도 연관이 깊어 허브에 얽힌 설화도 많습니다.
허브는 아로마 오일과 허브티에 쓰일 뿐 아니라, 채소로 먹기도 하고 향, 색채, 매운맛을 첨가하는 재료로도 쓰여요. 고추냉이나 생강처럼 향신료로도 쓰이는 등 용도가 매우 다양해요. 최근에는 한국에서도 허브를 키우는 사람이 늘고 있고, 루콜라와 바질, 로즈마리 등은 이미 익숙하지요.
같은 레시피에 프레시허브의 사용량은 드라이의 3배, 수분이 빠져나가 부피가 줄어든 드라이허브는 프레시허브의 1/3 정도면 충분해요. 말려도 부피의 변화가 없는 로즈마리나 타임은 거의 같은 분량 또는 조금만 더 사용하세요.

바질 Basil 바질은 아시아가 원산이지만, 지금은 유럽과 북아프리카 등 세계 각지에서 재배됩니다. 봄에 씨를 뿌리면 여름에 꽃을 피우고, 늦가을 서리가 내릴 무렵에 시들지요. '바질'이라는 이름은 그리스어로 '왕의 바실레우스Basileus 약제'를 뜻하는 단어에서 유래됐어요. 크리스트교에서는 예수가 부활한 후 그가 묻혔던 묘지 주변에 바질이 피었다고 하여 그리스 정교회에서는 제단 아래에 바질을 넣은 항아리를 둔답니다.
바질에는 베타카로틴이 다량 함유되어 있어 면역력 강화와 안티에이징에 효과적이에요. 노화 방지에 탁월한 비타민E을 비롯해 칼슘, 철분, 마그네슘도 함유하고 있어 바질을 잘만 활용하면 건강보조식품으로 비타민을 복용하는 것보다 훨씬 몸에 좋아요. 바질의 향에는 진정성분이 있어 몸을 이완시키고, 살균 및 항균 작용도 있어 감기, 기관지염, 해열, 구내염 등의 세균성 질환 예방에도 효과적입니다.
바질은 모차렐라 치즈, 토마토 슬라이스, 바질을 넣은 '카프레제'라는 카프리 섬의 샐러드를 비롯한 이탈리아 요리에 많이 쓰여요. 바질 페이스트, 버터에 즙을 짜 넣어 바질버터를 만들거나 올리브유에 무쳐 먹거나 샐러드, 마르게리타 피자에 넣어 모양을 내기도 하고, 빵을 구울 때 넣기도 합니다.
바질은 향이 강해 샐러드의 주재료보다는 토마토나 가지, 파프리카, 주키니, 쓴맛이 나는 샐러드 채소에 두루 사용되지요. 한국에서 흔히 구할 수 있는 종류는 스위트 바질입니다.

차이브 Chives 차이브는 북반구를 원산으로 하는 백합과 허브로 '시블레트Ciboulette'라고도 불려요. 한국의 쪽파처럼 잎 끝에서 뿌리 부분까지 초록색이며, 향이 파보다 부드럽고 산뜻하므로 수프에 곁들이거나 드레싱 또는 식재료의 맛을 중시하는 일식의 고명으로 쓰입니다. 초여름에 피는 분홍빛 차이브 꽃은 식용으로 쓰여요.

코리앤더 Coriander 코리앤더는 지중해 지방이 원산인 미나리과 허브예요. 3000년 넘도록 약용과 식용으로 재배되어왔지요. 고대 인도의 산스크리트어 서적, 고대 이집트의 파피루스, 천일야화, 성서 등에도 등장해요. 태국에서는 '팍치Phak-chii', 대만과 중국에서는 '샹차이香菜'라고 해요. 코리앤더는 향이 강하여 거부하는 사람이 있지만, 일단 빠져들면 자꾸만 먹게 돼요.
코리앤더는 잎과 열매의 향이 달라요. 열매는 향신료로 쓰이는데, 카레 가루에 들어가는 성분 중 하나예요. 새싹채소는 중국, 태국, 베트남의 에스닉 요리에 필수적인 허브이며, 뿌리는 마늘과 함께 찧어 조미료로 사용해요. 씨앗은 쓰임새가 다양해서 스튜, 카레, 피클, 절임, 과자, 과실주까지 폭넓게 이용됩니다.

코리앤더는 소화기 계통의 여러 질환에 효과가 있어요. 그 중에서 씨앗은 식욕을 증진시키고 담을 없애며, 간 것을 벌꿀과 섞어 먹으면 기침을 멎게 합니다.

딜 Dill
지중해 연안이 원산지인 미나리과 허브로, 잎사귀에서 상쾌하고 좋은 냄새가 납니다. 생선과 잘 어울려서 '생선의 허브'라고 하고, 연어 요리에 자주 쓰이지요. 다져서 드레싱이나 마요네즈, 수프 등에 넣기도 합니다. 딜의 씨앗은 좋은 향기와 더불어 가벼운 매운맛이 나서 피클이나 샐러드, 과자를 만들 때 사용하면 좋아요.

민트 Mint
페퍼민트, 스피어민트, 애플민트 등 종류가 다양한 민트는 허브 중에서 가장 많이 쓰입니다.

민트의 속명인 '멘타Menta'는 그리스 신화에 등장하는 멘티라는 요정에서 유래됐어요. 멘티는 명계의 왕 하데스의 총애를 받지만 하데스의 아내 페르세포네의 질투를 사는 바람에 짓밟혀 풀이 되고 말았어요. 그 풀이 바로 민트예요. 멘티는 풀이 되어서도 그 아름다움을 드러내듯 향기를 뿜어냈다고 해요.

한국에서는 민트 차, 아로마 오일, 모히토 등에 사용되고, 그리스 요리인 차지키Tzatziki에는 필수예요. 스페인과 이탈리아의 샐러드에도 자주 사용돼요.

파슬리 Parsley
지중해 요리에는 '이탈리아 파슬리'가 자주 쓰이는데, 이탈리아에서 주로 사용되는 종류예요. 편평한 잎사귀는 셀러리를 닮아 흡사 미니 셀러리 같지요. 일반적으로 알려진 파슬리보다 쓴맛이 덜하고 향기가 나며, 비타민 A, B, C, 칼슘, 철분이 다량 함유되어 있습니다. 이탈리아 요리에서는 이탈리아 파슬리를 다져서 갖가지 요리에 넣거나 소스 및 드레싱에 섞어 풍미를 돋아요.

로즈마리 Rosemary
지중해 연안이 원산지인 꿀풀과 상록관목으로, 잎이 솔잎처럼 가늘고 길어요. 강한 삼림향과 상쾌하고 쌉쌀한 맛이 납니다. 로즈마리는 잡내를 제거하는 데 매우 효과적이어서 양고기 요리에는 반드시 들어가지요. 감자를 삶을 때, 소스나 드레싱을 만들 때도 쓰이는데, 향이 강하므로 많이 넣지 않도록 주의하세요.

타라곤 Tarragon
이베리아가 원산인 국화과 허브로 쑥의 친척이에요. '에스트라공Estragon'이라고도 하며, 프랑스 요리에 자주 쓰이지요. 타라곤은 희미한 쓴맛과 달콤한 향이 나는데, 닭고기 요리나 달걀 요리, 소스, 드레싱, 피클의 풍미를 돋우기 위해 쓰입니다. 와인 비니거에 담근 타라곤 비니거(드레싱이나 닭고기 요리용)가 잘 알려져 있어요.

타임 Thyme
남유럽이 원산인 꿀풀과 허브예요. 신선한 잔가지에서는 특유의 강한 향기가 나는데, 말리면 향이 부드러워져서 육류나 어류, 채소 등 거의 모든 식재료와 잘 어울리지요. 타임은 장시간 끓여도 향이 쉽게 사라지지 않아 부케 가르니Bouquet garni에 반드시 들어가는 허브입니다. 타임도 향이 강하므로 지나치게 많이 넣지 않도록 해요.

오레가노 Oregano
오레가노속명 ORIGANUM의 이름은 그리스어의 'Orus산'과 'Ganus기쁨'이 합쳐진 '산의 기쁨'이라는 단어에서 유래됐어요. 그리스 로마 신화에 등장하는 사랑의 여신 비너스가 아꼈던 허브이기도 하지요. 그리스에서는 결혼식 때 행복의 상징으로 이 허브를 엮어 신랑신부의 화관으로 만든다고 해요. 그리스 로마 시대에는 커민, 아니스와 함께 요리뿐만 아니라 뱀이나 독거미에게 물린 상처 및 소화불량 치료약으로도 쓰였어요.

달콤한 향과 쌉쌀하고 야생적인 방향芳香은 피자나 파스타 같은 이탈리아 요리에 약방의 감초처럼 쓰이기에 좋아요. 올리브유와 마찬가지로 토마토, 치즈, 갑각류를 식재료로 한 요리에 향을 더할 때 사용합니다.

향신료

후추 Pepper 인도가 원산인 후추는 세계 3대 향신료 중 하나로, '같은 요리에 3번 쓴다'고 할 정도로 사용 빈도가 높아서 '향신료의 왕자'로 불립니다. 중세 베네치아 사람들은 이 향신료를 가리켜 '천국의 씨앗'이라고 했지요.
일반적으로 알려진 후추의 종류로는 검은 후추(블랙페퍼), 흰 후추(화이트페퍼), 그린페퍼, 핑크페퍼, 장후추(롱페퍼) 등이 있어요.
사용할 때는 전부 갈아서 또는 알맹이째로 쓰거나 그때그때 분쇄기(페퍼밀)로 갈아 쓰는 것이 일반적입니다. 후추는 향이 날아가기 쉬우므로 사용할 때마다 갈아서 쓰는 편이 좋아요.

파프리카 파우더 파프리카 파우더는 수백 종의 고추의 변종 중에서 매운맛이 전혀 없거나 미미한 종자만을 골라 말려서 분쇄한 거예요. 스페인 요리에 빈번하게 사용되며, 토마토 조림 요리나 로메스코 소스, 드레싱 등에 붉은 색감이나 향을 더할 때 쓰여요.

커민 씨 Cumin seed 커민은 이집트가 원산인 미나리과 씨앗을 말린 향신료예요. 캐러웨이 Caraway를 쏙 빼닮았지만, 캐러웨이와는 전혀 다른 강하고 자극적인 향과 옅은 쓴맛, 매운맛이 나요. 카레 가루의 주된 향이 나지요.
커민 씨에는 홀 whole과 파우더가 있어요. 홀은 사용하기 전에 볶으면 껍질이 벗겨져서 풍미가 살아나요. 동지중해 지역 요리나 중동 요리, 스튜, 카레, 빵, 쿠키 등에 넣어요.

코리앤더 씨 Coriander seed '코엔트로 coentro'라고도 하는 코리앤더 씨는 잎과 씨앗 모두 향신료로 쓰여요. 씨앗은 어렴풋한 감귤계통의 향에 단맛이 나는데, 전체적으로 향미가 부드러워 달콤한 요리에도 매운 요리에도 모두 잘 어울리며, 인도 카레에는 반드시 들어가지요.
코리앤더 씨앗에도 홀과 파우더가 있는데, 홀은 막자사발로 찧은 후 볶아서 사용합니다.

고추 콜럼버스가 중남미에서 가져와 눈 깜짝할 사이에 전 세계로 퍼져 각지에 식문화 혁명을 일으킨 고추(레드페퍼)는, 수백 종의 품종이 인도를 비롯해 멕시코, 일본, 한국, 중국 등 세계 각지에서 생산됩니다. 매운맛은 부드러운 것에서 입에 넣는 순간 입 안이 얼얼해질 정도로 강한 것까지 다양해요. 매운맛은 캡사이신으로, 수많은 향신료 가운데서도 가장 매운 성분이에요.
고추는 매운맛과 색을 살려 요리에 적절히 가려 쓰면 좋아요. 매운맛은 씨앗이 붙어 있는 태좌胎座 부분에서 생성되므로 덜 맵게 먹으려면 씨앗을 제거하면 돼요.

캐러웨이 Caraway 미나리과의 한해살이풀로 펜넬과 딜의 친척이에요. 향이 매우 강하고 따뜻한 느낌이 나는 매운맛이 나며 모양은 커민과 비슷해요. 고대 로마에서는 캐러웨이 씨를 넣은 케이크를 먹었다고 해요. 달콤한 요리, 매운 요리 모두에 쓰이고 독일과 오스트리아의 시드 케이크(씨앗을 넣은 케이크), 덤플링 dumpling, 치즈, 파스타, 수프, 굴라시 goulash에도 넣어요. 퀴멜 Kummel, 슈냅스 Schnaps 등 북유럽의 술을 만드는 데도 쓰여요. 또한 콜슬로와 사워크라우트 Sauerkraut 같은 샐러드나 채소 요리의 드레싱에 섞어 향을 더하기도 해요.

머스터드 씨 Mustard Seed 머스터드의 원료는 십자화과의 식물인 겨자채로, 그 씨앗을 말린 것이에요. 원산지는 중앙아시아에서 서아시아에 이르는 지역과 중동, 지중해 연안입니다. 크게 황겨자, 흑겨자, 백겨자의 세 종류로 나눠요.
씨앗 그대로 피클로 만들거나, 필요할 때마다 빻아서 스테이크에 뿌려 먹어요. 인도에서는 기름에 끓여 카레로 만들어요.

향미료

요리에 시즈닝을 할 때는 허브나 향신료를 이용하지만, 이밖에도 요리에 맛과 향을 더하는 향미료로 쓰이는 식재료들이 있어요. 지중해 요리에 반드시 필요한 마늘, 앤초비, 올리브, 벌꿀, 레몬, 케이퍼 등이 그것이지요.

올리브 올리브 열매는 성숙하면서 노란색에서 황록색으로, 붉은 보라색에서 짙은 보라색, 갈색 그리고 검은색으로 변해갑니다. 올리브유의 색도 이에 따라 달라지지요. 특히 짙은 노란색의 올리브유는 잘 성숙된 열매인 검은 올리브에서 짜낸 기름이에요.

지중해 연안의 시장에 가보면, 덜 익은 열매를 소금에 절여서 파는 전문점을 볼 수 있어요. 입맛에 맞는 열매나 요리와의 조화를 고려하여 그램 단위로 구입할 수 있지요. 지중해 지역을 여행할 기회가 있다면 선물로 사는 것도 좋을 거예요.

올리브 열매 소금절임을 으깨어 앤초비나 케이퍼를 찧은 것과 섞으면 '테판나드Tapenade'라는 페이스트가 완성돼요. 남프랑스를 중심으로 지중해 지역에서 널리 먹는 소스로 올리브의 맛을 만끽할 수 있어요.

한국에 수입된 올리브의 종류는 한정되어 있지만, 씨앗을 뺀 올리브 안에 빨간 파프리카나 앤초비, 견과류가 든 캔이나 병조림은 쉽게 구할 수 있어요.

앤초비 앤초비는 지중해나 유럽 근해에서 잡히는 멸치과의 작은 생선으로, 이것을 소금에 절여 숙성·발효시킨 후 올리브유에 담근 것도 앤초비라고 해요. 짜고 농후한 맛이 나는 앤초비의 머리를 떼고 등뼈를 따라 칼집을 내어 두 조각으로 가른 살코기 형태의 것이나 나선형으로 둘둘 만 것은 오르되브르(전채요리), 샐러드, 피자 등에 자주 쓰여요. 다져서 조미료로 쓰기도 하며, 시중에서는 페이스트 형태로 튜브에 든 것도 구입할 수 있어요.

드라이 토마토 드라이 토마토는 남이탈리아에서 많이 만드는 건조 토마토입니다. 잘 익은 홀쭉한 산마르치아노 토마토를 말린 것으로, 뜨거운 물을 부어 원상태로 회복시켜 파스타 소스나 샐러드 등에 이용하면 응축된 산미와 맛을 느낄 수 있어요. 올리브유에 버무린 드라이 토마토는 말린 안주로 쓰입니다.

한국에서는 이탈리아산 드라이 토마토를 구하기 어려우므로, 당도가 높은 방울토마토를 햇빛이나 식용 건조기, 오븐으로 말려서 사용할 수 있어요. 방울토마토를 반으로 갈라 절단면을 위로 향하게 한 후 소금을 뿌려 오븐에서 120도로 1시간가량 구워서 사용해도 돼요. 단, 바싹 마르지 않으므로 플라스틱 용기에 넣어 냉장고에서 보관해야 해요. 일주일 내로 다 사용하지 못하면 여러 개로 나누어 랩으로 단단히 싼 후 비닐팩에 넣어 냉동고에 얼립니다. 냉동고에 보관했더라도 풍미가 달아나지 않도록 2개월 안에 다 먹는 게 좋아요.

케이퍼Caper 지중해 연안이 원산인 풍접초과Capparaceae라는 나무의 꽃봉오리로, 특유의 상쾌한 풍미가 육류 등의 기름기를 없애주지요. 보통 식초 또는 소물에 절여서 사용합니다. 식초 절임은 마요네즈나 드레싱에 섞거나 카르파초 소스에 다져 넣고, 소금물 절임은 산뜻한 파스타류나 치즈류 소스의 마무리 또는 레드와인 소스나 육류 그릴에 곁들여서 먹어요. 훈제연어와도 잘 어울리지요. 짠 맛이 너무 강하면 물로 가볍게 헹궈주세요. 쓰고 남은 것은 원래 용기에 올리브유를 넣어 담가두면 풍미를 유지할 수 있어요.

디종Dijon 머스터드와 홀그레인Wholegrain 머스터드
페이스트 상태의 머스터드의 대표주자로는 디종 머스터드를 꼽을 수 있어요. 머스터드의 도시로 이름 높은 부르고뉴

지방의 디종에서는 지금도 전 세계 페이스트 머스터드의 절반가량이, 프랑스 전체의 80%가 만들어지고 있어요.

머스터드 씨앗의 껍질을 벗긴 후 갈아서 와인이나 비니거와 섞기 때문에 밝은 색과 순한 맛이 특징이에요. 1937년에는 디종 머스터드의 정식 기준과 명칭을 확보하기 위한 법률이 제정되어 원료로 사용하는 겨자채 종류, 씨앗과 씨앗 껍질의 비율, 유분의 양, 함께 섞는 비니거의 종류 등이 정해졌어요. 이 기준을 만족시킨 것만이 '디종 머스터드'라는 이름을 얻을 수 있답니다.

일반적으로는 스테이크나 생선 요리, 포토푀Pot-au-feu 등에 곁들이는데, 육류나 생선 튀김의 튀김옷에 넣으면 산뜻한 요리를 만들 수 있어요. 샐러드드레싱에 섞으면 순한 맛과 감칠맛이 더해집니다.

'홀그레인 머스터드'는 1720년 이전의 제조법으로 만든 것으로, '올드 타입 머스터드'라고도 해요. 원료인 겨자씨를 잘게 분쇄하지 않고, 껍질도 사용하지요. 겨자씨 껍질에는 매운맛을 내는 효소가 거의 없어서 부드러운 풍미를 느낄 수 있어요. 소시지 혹은 육류 요리에 곁들이거나 고기나 생선 요리의 핫소스에 더하기도 하고, 디종 머스터드처럼 드레싱의 베이스로도 사용합니다.

벌꿀과 메이플 시럽

기원전 6000년경에 제작된 스페인 알라냐의 동굴 벽화에는 여성이 높은 언덕에서 벌집을 채집하려고 손을 뻗는 장면이 그려져 있어요. 그녀의 주변에는 크게 그려진 꿀벌 6마리가 날아다니고 있는데, 벌꿀을 손에 넣기 위해서는 위험을 무릅써야 했음을 알 수 있지요.

벌꿀의 역사뿐만 아니라 양봉의 역사도 오래됐어요. 양봉에 관한 가장 오래된 유적은 기원전 2500년에 그려진 고대 이집트의 벽화로, 벌통에서 꿀을 채집하는 모습이 묘사되어 있습니다. 이집트와 벌꿀은 관계가 깊은데, 기원전 3000년에 시작된 제1왕조 무렵부터 여왕벌이 왕좌의 심벌로 사용되었어요. 기원전 300년에는 벌집을 배에 실어 나일 강을 이동하는 이동 양봉이 시작되었어요.

지금은 전 세계에서 여러 종류의 벌꿀이 판매되고 있어요. 천연 벌꿀은 비타민 B1, B2, 엽산 등의 비타민류, 칼슘과 철을 비롯한 27종류의 미네랄, 22종류의 아미노산, 80종류의 효소, 폴리페놀, 안티에이징 기능이 있는 파로틴 등 150여 가지 성분을 함유한 영양이 매우 풍부한 식품입니다.

벌꿀을 우유나 허브티, 생강, 레몬티 등에 섞어 먹거나 빵에 발라 먹는 방법 외에도 조미료로서도 큰 역할을 해요. 생선 요리에서는 비린내를 잡아주고, 육류 요리에서는 고기 조직에 침투하여 과열에 의한 고기의 수축과 경화를 막아줍니다. 벌꿀을 레몬즙이나 올리브유과 섞은 소스에 쇠고기를 재웠다가 구우면 육질이 부드럽고 육즙이 빠져나가지 않아 맛있는 스테이크를 만들 수 있어요. 또한 사과, 연근, 우엉 등의 갈변을 막고 이스트균의 발효를 촉진시키는 효과도 있어요.

메이플 시럽은 단풍나무 수액을 졸여서 만든 것으로, 첨가물을 전혀 넣지 않은 설탕·꿀과 같은 천연 감미료예요. 인디언들이 당분을 섭취해 중요한 에너지원으로 사용하기 위해 먹었지요. 식민지를 개척하기 위해 캐나다에 이주한 프랑스인들이 메이플 시럽을 만드는 방법을 배워 곧 널리 퍼졌다고 해요. 최근에는 설탕이나 꿀보다 칼로리가 낮고, 칼슘과 칼륨 등 미네랄 성분이 많아 건강 면에서도 주목을 받고 있어요.

설탕 대신 설탕과 같은 분량의 메이플 시럽을 쓸 때는, 메이플 시럽 250ml(1컵)당 레시피에 표시된 우유, 물, 과즙 등을 약 60ml(4분의 1컵)로 줄여서 사용하세요.

하리사Harissa

고추와 올리브유을 베이스로 한 매운 페이스트로, 한국의 고추장과 맛이 비슷해요. 쿠스쿠스나 타진Tajine 등 튀니지를 중심으로 한 북아프리카 요리에 쓰이지요.

고추에 마늘, 커민, 코리앤더, 카엔 페퍼, 올리브유 등을 섞어 만드는데, 통조림이나 병조림, 튜브형 등으로 구입하거나 직접 만들어서 사용해도 돼요.

타히니Tahini

타히니는 볶지 않은 흰깨를 으깬 반죽으로, 지중해 연안의 이집트, 레바논 같은 아랍 국가들과 그리스 요리에 반드시 들어가는 식재료예요. 아침 식사나 요리에 곁들이거나 전채로 많이 쓰이는데, 깨의 감칠맛과 풍미가 좋아서 작은 접시에 담아 그 위에 올리브유를 떨어뜨려 샐러드드레싱으로 쓰거나 빵에 발라 먹기도 해요. 모로코 요리인 후무스Hummus에 조금 섞어 먹기도 합니다.

레몬과 라임 레몬과 라임은 운향과 향산감귤류로 그대로 먹기보다는 둥글게 잘라 요리에 곁들이거나 즙을 이용합니다.

레몬은 13세기경 시칠리아 섬에서 과일로서 본격적으로 재배됐어요. 이후 미국에 전파되어 15세기 무렵부터 캘리포니아 등지에서 재배가 활발히 이루어지고 있어요.

레몬을 구입할 때는 무게감이 적절한지, 껍질에 윤기와 생기가 있는지 확인합니다. 껍질이 지나치게 부드럽거나 너무 두꺼운 것은 사지 마세요. 보관할 때는 절단면에 공기가 닿으면 비타민C가 파괴되므로 랩으로 싸둡니다.

레몬의 비타민C 함유량은 100g당 50mg로 감귤류 중에서도 단연 으뜸입니다. 구연산이 다량 함유되어 있어 피로 회복뿐만 아니라 감기 예방, 숙취, 미용에도 좋아요.

한국에서 유행하고 있는 모히토라는 칵테일에는 레몬이 아닌 라임 과즙을 넣어요. 같은 감귤류지만 레몬은 열대지방에서, 라임은 아열대와 열대지방에 이르는 지역에서 재배됩니다. 인도 북부와 말레이시아가 원산지인 라임은 아랍인이 지중해에 퍼트린 것을 스페인과 포르투갈 사람들이 미국으로 전파해 멕시코 인근에서도 재배되고 있어요.

라임의 모양은 동그랗고 껍질은 얇으며, 껍질의 색은 초록색입니다. 맛은 레몬처럼 신맛이 나는데, 특유의 쌉쌀한 풍미가 있어요.

라임을 고를 때는 껍질의 초록빛이 선명하고 아름다운 것, 알맹이가 여문 것이 좋아요. 라임의 약 90%는 피로 회복에 좋은 구연산이며, 고혈압을 예방하는 칼륨, 뼈를 튼튼하게 하는 칼슘과 마그네슘도 풍부해요.

지중해 연안 지역에서는 육류나 생선 요리에 레몬 또는 라임 과즙을 뿌리거나 샐러드드레싱에 비니거 대신 섞기도 해요. 향을 더할 때는 레몬이나 라임 껍질을 갈아서 쓰기도 해요.

마늘 기원전 3200년 무렵부터 고대 이집트 등지에서 재배되고 먹었던 마늘은 전 세계의 다양한 요리에 이용되는 향신채소예요. 지중해 연안 지역에서는 잘게 다져 샐러드드레싱에 섞거나 껍질째 닭고기와 함께 굽기도 하고, 알리올리 소스 등을 만들어요. 다른 허브와 함께 올리브유나 와인 비네거에 절이기도 해요.

주로 이용하는 재료 구입처들

식재료
포린 푸드 마켓 Foreign Food Market (02-793-0082)
SSG 신세계 마트 (02-6947-1234)
연희동 사러가 마트 (02-324-1748)
갤러리아 백화점 본점 지하 식품 코너(02-3449-4061)
하이스트리트 마켓(02-2201-3033)
신세계 백화점(본점, 강남점)

채소
시민상회 (02-334-7956)
우보농산 (033-435-5332)

수산물
연희 수산(02-332-8779)

요거트
그릭요거트 (02-3144-4970)

하몽과 햄
이베르코 iberko (051-807-4545)

파에야 팬 구입
BT본텍 (02-3789-7031)

에필로그

프랑스 요리사였던 아버지가 한결같이 만들어주시는 것이 있어요. 십수 년 전부터 친정의 보물이 된 프렌치드레싱이 그것이지요.
'샤락 샤락 샤락'
아버지는 다진 양파를 유리 볼에 반쯤 채운 후 소금, 후추, 올리브유를 넣어요. 그러고는 능수능란한 솜씨로 거품기를 젓지요. 경쾌하게 울려 퍼지는 거품기의 소음에 귀를 기울이다 보면 프렌치드레싱은 점차 하얗게 변합니다. 이렇게 만들어진 아버지표 홈메이드 드레싱은 빈 병에 담겨져 냉장고 속으로 들어가지요.
내가 어렸을 때는 일본에서도 로메인이나 버터 레터스, 치커리 같은 채소는 구하기 힘들었어요. 샐러드의 주인공은 언제나 양상추였지요. 여기에 토마토, 오이, 채를 썬 양파를 얹어 아버지의 홈메이드 드레싱을 뿌려 먹었어요. 가끔 아버지가 레스토랑에서 쓰고 남은 훈제 연어나 광어 카르파초를 몇 조각 들고 들어오시는 날이면, "우와! 오늘 저녁은 연어 샐러드다!" 하며 기뻐하곤 했지요.
한국에 처음 와서 샐러드용 채소를 드레싱 없이 그대로 먹는 것을 보고 깜짝 놀랐어요. 깨끗이 씻어 물기를 털어내 먹기 좋은 크기로 손으로 찢어 먹었던 갖가지 샐러드용 채소가 대접이나 소쿠리에 통째로 담겨 식탁에 놓여 있는 것을 보았을 때 그리고 그 채소를 여러 장 겹쳐 고기를 얹고 밥 한 숟갈을 떠서 올린 후 마지막으로 쌈장이나 고추장을 살짝 얹어 손끝으로 채소들을 끌어모아 입을 크게 벌려 한입에 쏙 넣었던 그 순간이 지금도 잊혀지지 않아요.
아버지에게서 배운 요리는 집에서 자주 만들어 먹어요. 하지만 아버지의 프렌치드레싱만큼은 친정 나들이 때의 즐거움으로 남겨두고 있지요. 예전에는 아버지가 프렌치드레싱을 챙겨주시면 큰 선물을 받은 것 같아 참으로 반가웠지만, 식습관이 바뀐 탓인지 아버지의 드레싱은 이제 서울에서는 거의 쓸 기회가 없습니다. 다진 생양파 때문에 잘 상해서 이제는 친정에서만 즐기기로 했어요.

나의 핏속에 흐르는 DNA와 내 혀와 머리, 마음에 확실히 새겨져 있는 아버지의 샐러드 맛, 드레싱의 풍미, 소금의 농도, 채소 물기를 털어내는 정도, 식재료의 조합 등 사소하지만 중요한 샐러드의 모든 것을 가르쳐주신 아버지께 이 책을 바칩니다.

thanks to

일 년 전 봄, '올해는 어떤 샐러드를 만들어볼까…' 하는 생각에 몰두하고 있을 때
〈지중해 요리〉 책과 함께 〈지중해 샐러드〉의 기획이 시작됐어요.
요리교실 '구르메 레브쿠헨'에서 소개한 레시피를 비롯해 그때까지 소중히 가지고
있던 것들, 새롭게 만들어보고 싶었던 것들을 정리하며 요리를 만들어가는 작업은
생각보다 쉽지만은 않았지요.
이런 기회를 준 이퍼블릭 유성권 대표님, 우연한 인연으로 시작해 책의 기획부터
희로애락을 함께한 편집자 이정 님, 저의 미숙한 원고를 정확한 한국어 표현으로
불평 없이 고쳐준 김보은 님, 이지수 님에게 진심으로 감사드려요. 푸드 스타일리스트
고아라 님과 유진아 님, 김지니 님, 한여름에 도심을 벗어나 녹음으로 둘러싸인 경기도
광주의 스튜디오에서 즐겁게 촬영할 수 있도록 해주신 포토그래퍼 김두하 님과
김용성 님, 촬영날 아침부터 저녁까지 수십 종류의 샐러드를 만들어준 요리교실 학생
박진숙 님, 하미현 님, 이현정 님께도 고마운 마음을 전하고 싶어요.